半藤一利

歴史と人生

GS
幻冬舎新書
503

歴史と人生／目次

第三章 歌と言葉で大いに遊ぶ 77

第四章　大好きな漱石先生のこと　125

構成　石田陽子
組版　美創

第一章 歴史とリーダー、そして組織なるもの

歴史とは

歴史《ヒストリー》とは比類なく巨大で多様な物語《ストーリー》である。そこには人間の英知や愚昧《ぐまい》、勇気や卑劣、善意と強欲のすべてが書きつらねられている。歴史とは何かは、つまり、人間学に到達する。しかも歴史は大きな時代の力というものを、労なく見せてくれる。人間は歴史の流れに漂って生きることを教え、その巨大な力の一方に変わらない共通の人間性、人間を律する不易の道徳というものがあることを、われわれに教えてくれる。

『昭和と日本人　失敗の本質』

私が歴史を学ぶわけ

わたくしは、好きだから歴史のことを書いているだけ。完璧に知ることはむずかしいとしても、事実をきちんと知ることが好きなんです。歴史の面白さっていうのは、万事が人間がつくったものだってところなんです。私たちが生きている今もやがて歴史になります。つまり、人間が何を考え、どう判断し、どのように動くか、どんな間違いを犯すか、っていうことそのものなんです。だから、歴史とはわたくしに言わせれば、人間学なんですよ。

『「昭和史」を歩きながら考える』

歴史を正しく知るために

あらためていうまでもないことながら、「歴史」という言葉の裏側には、常にぴったりと〝事実〟というものが貼りついていることをしっかりと理解しなければ、歴史を正しく知ったことにならない。ただざらーと歴史の表層をなでまわしたことにしかならない。

史料をもって語らしめよ、という言葉の意味深いところはそこである。

『昭和史探索1』

洞察せよ、と安吾はいった

考えることは最も大事なことですよ。私が歴史探偵と名乗っているのは坂口安吾の真似なのですが、安吾が言ったのは、まさに「洞察せよ」ということでした。資料を読んで歴史がわかったつもりになってはいけない、と。たくさんの資料を読み比べて、それらのあいだに何があるか、隠されたものはないかを考えろともね。たしかにそうした思考からしか歴史的真実というものは浮かび上がってこないのです。

『勝ち上がりの条件　軍師・参謀の作法』（磯田道史氏との対談で）

知られざる人びとの血と汗と涙によって

司馬遷の『史記』には、あるいはこれがいちばん面白いといっていいかもしれない「列伝」篇がある。始皇帝《しこうてい》を刺そうと「風蕭々として易水寒し」といって去っていく荊《けい》軻《か》や、「合従連衡」策の蘇《そ》秦《しん》と張儀《ちょうぎ》などおなじみの連中が登場する。これらの人びとの活躍で歴史はぐんと厚味をます。「本紀《ほんぎ》」や「世家《せいか》」だけが大手をふるものではなく、知られざる人びとの血と汗と涙によって歴史は書かれるのである。

『完本・列伝　太平洋戦争』

歴史の教訓

昭和史というのは一言で言えば、正しい判断をすれば、こんなことにならなかったものを、間違った判断を重ねていった歴史であるんです。間違った判断をした揚げ句、国民をみんな不幸にして、国土を焼け野原にして、そしてたくさんの人を殺したという歴史だったんです。

そこから学んで、しっかりと次の日本を作るための資料にするには、やはり歴史はきちんと学んだほうがいい、とはよく言われますが、では具体的に歴史の教訓とは何か。

実は、「後《のち》の人が歴史からは何も学ばない」ということが歴史の最高の教訓なんです。

『今、日本人に知ってもらいたいこと』（金子兜太氏との対談で）

「墨塗り教科書」の結果、いま国民は

厳然としてある歴史を自分たちの都合で平気で改変する、そんな神をも恐れぬことをやってのけるものの出現を、痛烈な風刺をもって描いたのが、G・オーウェルの長篇小説『一九八四年』である。

ところが、敗戦直後の日本の子どもたちは、実際にそれを自分の手でやった。いわゆる「墨塗り教科書」である。……

結果は何が生まれたか。

自国の歴史を尊重しない国民ができた。歴史を抹消可能と考える国民ができた。それともう一つ、自国の歴史をまったく知らないで平気な国民ができた。いずれにせよ、ろくなことはないのである。

『昭和史残日録　戦後篇』

私の唱える「四十年説」

近代日本は慶応元年（一八六五）からはじまり、明治三十八年（一九〇五）に日露戦争が終わって日本が世界の強国の一つになるまでに四十年、その大日本帝国を滅ぼしてしまうのがまた四十年後の昭和二十年（一九四五）でした。もう一つ言えば、占領下の六年半を経て、戦後日本が昭和二十七年（一九五二）から新しい国づくりをスタートさせ、平成元年（一九八九）から翌年に絶頂期を迎えたバブルがはじけたのが平成四年（一九九二）ですから、これも四十年かかったのです。つまり国をつくるのに四十年、国を滅ぼすにも四十年。

『幕末史』

歴史は素顔を見せてはくれない

そもそも歴史という非情にして皮肉な時の流れというものは、決してその時代に生きる民草によくわかるように素顔をそのままに見せてくれるようなことはしない。いつの世でもそうである。何か起きそうな気配すらも感ぜぬまま民草は、悠々閑々と時代の風にふかれてのんびりと、あるいはときに大きく揺れ動くだけ、そういうものなのである。

『B面昭和史』

国家意識や民族感情は可燃性

国家意識や民族感情は、もともと非合理で、どろどろした可燃性のものである。これに火がつくと外交上の解決が困難になる。そうなると、政治の延長である戦争という手段が、大手をふってまかり通るのである。「過ちはもう繰り返しません」と誓ったところで、ほくそ笑んでマルス（軍神）は耳をかそうとはしない。マルスに引退してもらうためにも、歴史に学ぶことは大事であるようである。

『歴史探偵　昭和史をゆく』

戦争はいつだって「自衛のため」である

さまざまな内政的苦難があり解決に窮したとき、すべては外敵の仕業にする。そうすることで、国内に現前する諸問題はたちまちに、国民の怒りが外敵に向かうことによって解消される。およそ世界各国の指導者が歴史から学べる、それこそが教訓というもので、戦争はいつだって「自衛のためのやむにやまれぬ戦争」になるにきまっているのである。アメリカの対日石油輸出全面禁止も、ABCD包囲陣のかけ声も、いまになればきちんとなぜそうなったのかを説明できるが、当時の国民はその歴史的事実の裏側などなんら知らなかった。知らされていなかった。その上で、青天の霹靂《へきれき》で祖国の危機を救えと強く訴えられれば、そうか、もはやほかに手の打ちようがないのかと、無意識のうちにも自覚する。

そして、どんな強国が相手であろうが、ただ「来るべきものが来た」と受けいれるだけとなる。戦争がはじまったころの日本人の大人たちはほとんどが、いまさら少しも驚くべきことにあらずという心理にあったと、わたくしはみるのである。

『B面昭和史』

東京裁判資料には敗者の言い分が残された

公開された裁判資料はまさに「歴史の書庫」ですよ。厖大《ぼうだい》な裁判資料を見ていてこれはいいと思ったのは、敗者の言い分がきちんと残っていることです。歴史を調べていても大体は勝者の側からの資料しか出てこないんですよ。

『幕末史』という本を出して分かったんですが、日本の活字文化の歴史はせいぜい一四〇年なんです。それ以前は筆書きの草書体で今の日本人はまったく読めないから資料にならないんです。それを活字にしているのは勝った側です。勝ったほうの資料は山ほど活字になっています。坂本龍馬の手紙だろうが、桂小五郎だろうが活字で読める。が、敗者のほうの原資料は、出てきても現代の日本人は読めないんです。

ところが、東京裁判の文書は幸いなことに弁護側の反論がそっくりそのまま残ってます。これは非常に尊いことです。

『「東京裁判」を読む』(保阪正康氏・井上亮氏との鼎談で)

正義の戦争などない

かつて上山春平氏がいったように「およそ正義の戦いなどというものはありえないし、したがって名誉の戦死などというものもありえない。……正義の戦争とか名誉の戦死といった観念こそ、人類の共同体が力ずくで自己の利益を貫こうとする行為を正当化する支柱であり、核兵器が発達した今日の状況においては、それこそが、人類を破滅の淵にみちびく危険な幻想にほかならない」ことはまさしく道理であろう。この単純な事実を国民的な規模で体験したことこそが、あの忌わしい戦争の唯一の教訓といってもよい。

『歴史探偵　昭和史をゆく』

墨子は言い切った、そしてひたすら

墨子は、あに侵略戦争のみならんや、骨の髄から戦争そのものを嫌った。いかなる戦争にも正義はない、と説きに説いた。戦争をなくそうと主張した。すでに書いたように、攻めるほうにも守るほうにも戦いをして何一つ利するものはない、害あるのみ、と説いた。ただいたずらに人びとの生活が破壊され、大量の物資が消費され、何の罪もない人の生命が奪われるのみ。治国平天下、ヒューマニズム（兼愛）によって平和を維持して、人びとを安穏幸福たらしめよう、それこそが人間のなすべきところ、と墨子はひたすら奮闘努力しつづけたのである。

『墨子よみがえる』

私が会って話を聞いた人びとのうしろには

「もし平和が戦争の経験の後にしか来ないならば、平和は常にあまりに来かたが遅すぎる。平和は常に死者の上に築かれるのか」

とはフランスの哲学者アランの言葉である。

その言葉どおり、戦後五十年というこの長い平和は、もうだれもが忘れてしまったかもしれない多くの人びとの犠牲の上に築かれている、とかつての戦士たちの死を知るにつけ、改めて考えざるをえなかった。私が会って話を聞いた人びとのうしろには、二百六十万人に及ぶ死者がいたのである。

新聞記者や雑誌記者は現代史の目撃者であるとよくいわれる。開戦から終結までの太平洋戦争の歴史は、もはや現代史というにはあまりに遠すぎる、という意見もあろうが、私は、嫌であろうとも目撃せねばならない事実ではないかと思っている。歴史的教訓というより、まだ生々しい現実なのである。

『完本・列伝　太平洋戦争』

名将の六条件とは

私はよく名将の条件を問われるもので、自分なりに、評価の基準を作っています。第一に決断を自分で下すことができた人。第二に、任務の目的を部下に明確に伝えられる人。第三に、情報を自らの目や耳で摑む人。第四に過去の成功体験にとらわれない人。第五に、常に焦点の場所に身を置いた人。そして最後に、部下に最大限の任務の遂行を求められる人。この六つの条件をクリアしている人はかなりの名将と言えます。

『昭和の名将と愚将』

どこの組織や会社でも

組織というのは不思議なくらいに、少し飛び抜けて一歩進んだ人はいらないんです、邪魔なんですね。排除の論理というか、阻害の論理というか、「俺たち仲良くやってんだから、おまえ、そんなつまんない変なことを言うな」というような、排除の精神が働くんです。どこの会社や組織でもそうだと思います。

『日本海軍はなぜ過ったか』(澤地久枝氏・戸髙一成氏との鼎談で)

なぜ失敗体験は隠されるのか

勝利体験というものは、みんなして誇って、それを伝えますけれど、失敗体験というものは、これは隠します。責任者が出るということを嫌うんですね、日本の組織は。失敗したときには、一つとしてきちんとした記録として残したことがないですね。要するに、残すと責任者が出てしまいますからね。

『日本海軍はなぜ過ったか』（澤地久枝氏・戸高一成氏との鼎談で）

おのれに欠けたものがあるならば

中国の兵法書、というより戦略研究書の『孫子』は、戦争に勝つためには基本となる五つの条件がある、と説いている。道、天、地、将と法である。このうちの「将」の章で、リーダーがそなえなければならぬ資性についてふれ、

「将たるは智、信、仁、勇、厳なり」と。

それならば、おのれに欠けたものがあると思うときは、次席のものにそれを備えたものをおくことによって、困難を克服しうることも可能かもしれない。

『指揮官と参謀』

墨子いわく上に立つものは

ここに墨子の思想において、老子、孔子、荘子、荀子、韓非子といった中国の古代思想家たちとは明らかに違う独特の「天」の思想がでてくるのである。上に立つものは、なによりかによりも「天」を恐れなければならない。「法を天にとる」とは進むべき道を天の意思にまかせるということである。天を恐れずして人を使い、金を費消し、国家をほしいままに動かすことは許されない。天には意思があるのである。天意にそむけばかならず天罰が下るものと心得よ、と墨子はいうのである。

『墨子よみがえる』

勝海舟もまた天を

勝海舟といえば、この人もまた「天」の意思を重くみる御仁であった。「天」に任せ、「天」に応えることで、江戸城無血開城の大業を見事に成就した。……

歴史の大いなる流れの前には、つまり天の意思の前には、人間の小細工がかえって仇《あだ》となる、と説いている。ほかにも「褒貶《ほうへん》ただ天に任す」とか、「独り明を分つの眼を以て／沈黙　天の歩《あゆみ》を観ぜん」とか、「上下千年天の知るに任ぜん」とか、海舟はいつも「天」を尊重し「天」の意思に帰っていく。そういえば、海舟は終生、話し合いによる問題解決を主張し、武力による戦闘を心底から拒否し、平和主義を貫いている。これぞまさしく墨子そのままであった。

『墨子よみがえる』

リーダーが判断を誤るとき

アメリカのR・ニクソン元大統領は、その著『指導者とは』（文藝春秋刊）のなかで、「（リーダーは）何をすべきかを決断する責任は委譲できないし、委譲すべきではない。……決断に至る過程を部下に代行させれば、それはもう指導者ではなく、追随者になってしまう」

と明記し、部下に狂信のもの、剛毅なもの、積極的なものをもつ場合のリーダーの、心すべき重要な資格を示している。

戦史のなかには、名コンビを謳われながら真実は妥協や保身や人情論などにひきずられ、リーダーが正しい判断を誤るケースがまことに多い。

『指揮官と参謀』

アドルフ・ヒトラー『わが闘争』からの抜き書き

わたくしがその昔、『わが闘争』を読んでウームと唸《うな》らされて抜き書きしておいた一節があります。それを紹介しておきます。

「指導者たることとは、すなわち大衆を動かし得るということだ。有効なプロパガンダとは、少数のステロ的な文句でいいから、たえず反響して大衆の脳裏に深く刻みこまねばならぬ」

内容なんか二の次。肝腎なのはその文句が壮大で光り輝いて見えること。それこそが大事なのだと。「Make America Great Again!」の大言壮語のくり返しなど、まさにそれです。

『歴史に「何を」学ぶのか』

ヒトラー・ドイツの手口

一九三三年二月二十七日。総選挙投票日の七日前というタイミングで、国会議事堂が放火されて焼け落ちた。首相ヒトラーは、この犯行を共産主義者によるテロだと断定しました。間髪《かんはつ》おかず翌日に、閣議決定を経て発効されたのが「大統領緊急令《だいとうりょうきんきゅうれい》」です。正確には、「ドイツ民族に対する裏切りと反逆的陰謀を取り締まるための大統領令」。ヒトラーは、ワイマール憲法にある「非常時には大統領が国民の基本権を無効にできる」という規定を巧みに利用した。この法律に署名するようヒンデンブルク大統領に強く迫って署名させることに成功したのです。……

では、閣議だけで決定した「大統領緊急令」によってなにが起きたか。

まず集会、新聞発行、表現の自由が制約された。官憲による通信の検閲《けんえつ》がはじまり、家宅捜索、財産制限および没収が可能になった。つまり憲法で保障されていた人びとの権利が一瞬にして奪い取られたのです。……

「(憲法改正は)『静かにやろうや』と。ある日気づいたら、ワイマール憲法はナチス憲法に変わっていた。だれも気づかないで変わった。あの手口に学んだらどうかね」

自民党の麻生太郎大臣がこの迷言を吐いたのは、平成二十五年（二〇一三）七月のことです。麻生大臣が「ナチス憲法」などと、ありもしないものを口にしたものだから、このときマスコミはかれの歴史の無知をからかっただけですましてしまった。迂闊《うかつ》でした。もうこのころから安倍晋三首相ら権力者グループは、いかに憲法を骨抜きにするか、検討をかさねていたのでしょう。その密議のなかで、ナチスのこうした水際立った手法が話題になっていたのだと思います。それを聞きかじった麻生大臣が、よく理解できぬままポロッとしゃべってしまったという一段。まさにヒトラーのナチスは、ここまでを合法的に、あっという間に、そして静かにやったのでした。

『歴史に「何を」学ぶのか』

将軍や参謀はなにを戦うか

将軍や参謀は、常に「過去の戦闘」を戦うんですよ。そして多くの兵隊が死ぬことになる。

『徹底検証　日清・日露戦争』（秦郁彦氏・原剛氏・松本健一氏・戸高一成氏との座談で）

白兵突撃の戦訓

前原透氏の研究を参考にして書くと、昭和の陸軍はあらゆる点において日露戦争を最高の教典とした。このときの戦訓をもとに明治四十二年に『歩兵操典』が編纂される。その根本につぎの二つのことを設定した。

一、攻撃精神の強調による精神力を戦力の主体とすること。

二、銃剣突撃により最後の勝利を得ること。すなわち肉弾により勝ちを制すること。

これは財政・資源・工業力の低い宿命をもつ日本帝国にあっては、物的戦力の優越を期することは不可能であり、その弱点を何とか克服しようと、無い知恵を絞った結果の大戦術方針なのである。こうして、いらい昭和二十年八月の敗戦・降伏にいたるまで、陸軍第一線の将兵は屍山血河の白兵戦を断行することになる。つまり、戦場に屍《かばね》をさらすのは当然で、死を見ること帰するが如き精神力の発揮が、古来よりの日本人の特性であると強調されたのである。ノモンハンで、太平洋戦争下の南の孤島で、いかに数多くの将兵が敵の戦車や大火砲のまえに生身の身体をぶつけ力戦敢闘して、果敢《はか》なく散っていったことか。

『徹底分析　川中島合戦』

兵が勇戦力闘しようとも

太平洋戦争では、戦闘ないし戦術的な面ではすぐれた将兵の敢闘があったが、戦略または作戦指導の観点から見ればほとんど人を得なかったとよく言われている。同じように、個々の艦や飛行機の下士官・兵の勇戦は人間の域を超えていたが、戦場における指揮官の判断に理知や勇気に欠けたものが、まったくなかったか。

戦略の失敗は戦術で補うことができない。そして個々の戦術での上官の失敗は、兵たちのいかなる勇戦力闘をもってしてもカバーできないのである。戦闘の指揮の成否は学校の成績によるものではなかった。判断と気力が知能に先立つのである。どんなに難しい試験で優秀な成績を収めようが無意味である。戦場の砲火の下において判断するよりほかに仕方がないことなのであった。

『完本・列伝　太平洋戦争』

攘夷の精神は死なず

幕末・明治維新、太平洋戦争をよく見てまいりますと、国家が外圧に直面するときは、状況も人間のあり方も似ています。……幕末も太平洋戦争の直前も、日本全体が簡単に熱狂してしまった。攘夷は当時の日本の国民的アイデンティティーなんですよ。……

明治に入ってからはいつの間にか、攘夷の精神なんかどんどん消すほうへ向かって、文明開化、文明開化となっていきました。では攘夷は近代日本人の精神のなかから消えちゃったのか。消えてなかったということが、太平洋戦争のときにわかるんですね。日本人の心のなかを一尺も掘れば、いつだってたちまち攘夷の精神が芽を出しますよ。

……

十二月八日、日本人はだれもが同じような叫びを叫んだのです。真珠湾奇襲の大戦果に少なくともほとんどの日本人の大人が気の遠くなるような痛快感を抱いたのですね。それはまさしく攘夷民族の名に恥じない心の底からの感動の一日であったのでしょう。そして熱狂という奇妙なことになる。いいかえれば、どっちにでも動く順応ということになる。状況の変化につれて、どうにでも変貌できる。そんな人たちは、戦争の悲惨の記憶が失われて、時間が悲惨を濾過《ろか》し美化していくと、それに酔い心地となって、再び殺戮《さつりく》に熱中する人間に変貌する可能性があるのじゃないでしょうか。

『あの戦争と日本人』

第二章 歴史のこぼれ話を拾い集めて

煩悩が百八ある理由

それにしても、なぜ、煩悩は百八なのか？　『楞伽経《りょうが》』という禅宗ゆかりの教本にある。目・耳・鼻・舌・身・意の人間の六根が、色・声・香・味・触・法の六塵とふれあうとき、六根はそれぞれ好・悪・平（中立）の三つの煩悩が生ずる。計十八。また、六塵にもそれぞれ苦・楽・捨（どっちでもない）の三つがあり、計十八。両方を合計すると煩悩は三十六となる。この三十六煩悩は過去・現在・未来においても存在するゆえ、三十六×三イコール百八となる。なんて講釈は七面倒くさいか。

『其角俳句と江戸の春』

そも、ソクラテスは彫刻家だった

ソクラテスの妻クサンチッペが悪妻であったことは、ソクラテスが哲学者であったことと以上に有名である。

ところで、そのソクラテスの商売が彫刻家で、といっても万古に残る名作をつくったわけではなく、彫刻の職人であったことをいう人は少ない。なかなかに〝いい仕事〟のできる職人で、一家を十分に養っていけたのである。しかし、やがて年をとるにしたがって仕事に飽きてしまって、ぶらぶら町の広場へ出かけていって、一席ぶちはじめた。そして非実用的な議論に、みずから「哲学する」と名をつけた。

この「哲学する」無駄話がおおいに受けて、かれのまわりには面白がって聞く人がどんどんふえていく。二十歳の青年貴族のプラトン、士官クセノフォン、しゃれ者アルキビァデスなど、いずれもこの界隈を暇つぶしにぶらぶらしている連中である。しかも、金銭のほうは恬淡《てんたん》で、ソクラテスの「哲学する」授業はタダである。ときに酒場へいりびたって酒代を払ってさかんに気焔をあげた。

『漱石俳句探偵帖』

偉人はよく眠る

ナポレオンは三時間しか眠らない、偉人とはそういうもんだ、と若いころ教えられたものであった。本気になって信じたが長じて調べてみたら、イタリア戦役で総大将になったときナポレオンは一日十一時間も寝ていた。チャーチルもマッカーサーも毎日昼寝を欠かさなかった。空腹よりも寝不足のほうが身体にたいする影響は大きい、というのが理由であった。

『漱石俳句を愉しむ』

『平家物語』と『太平記』

「平家なり太平記には月を見ず」という宝井其角の句がある。

そのままにあっさり解釈すれば、さすがに『平家物語』は素晴らしい、月見の風流があるが、『太平記』はなんとも凄まじい歴史書で、月見なんかないんだなあ、というくらいの意になろう。

それだけのことではなくて、この句にはほかにもいろいろなことを考えさせてくれる楽しさがある。たとえば、『平家』には切腹して死んだ武者はほとんどいない。あるとき、斜め読みしながらざっと数えたことがある。『平家』は全編をとおして名前のある死者は約百二十人、そのうち腹を切って死ぬのはわずか五人である。宇治の平等院で「太刀のさきを腹につき立て、うつぶせに」貫いて堂々の死を示した源三位頼政をいれても六人。なのに『太平記』となると武者たちは無茶苦茶に腹を切る。しかも大勢がいっせいに切腹したりするのである。北条氏滅亡のさいの鎌倉のハラキリ二百八十四人を筆頭に、実にみんなで二千百四十人余なんである。

明日をも知れぬ〝運命〟が主題の『平家物語』には、語りすすむにつれて其角の句のごとくほんのり空に月が出る。『太平記』にはそんな情緒たっぷりのところがない。人の心が殺伐となってから、月のかわりに、日本には切腹が出てきたようである。

『其角俳句と江戸の春』

ゆく河の流れは絶えずして

作者は申すまでもなく、鴨長明《かものちょうめい》。彼が五十歳をすぎて世を捨てて、京都の日野に方丈（三メートル四方、四畳半）の庵を結び、そこでこの書を一夜にして書いた。それは建暦二年（一二一二）三月のこととされている。世は生々流転、すべては流れ来り流れ去る。栄華盛衰もたちまちに流れ去る。東洋哲学の神髄と思っていたら、古代ギリシャの哲学者ヘラクレイトスも「パンタ・レイ」（すべては流れる）といったそうな。なるほどね、と思ったことであった。

『この国のことば』

豊臣秀吉の遺言と辞世

いよいよとなると、心にかかるのは自分の死後のことばかり。とくに数え六歳の秀頼のこと。そこで頼むは五大老と五奉行。この人びとに遺書を書き、後事を託さざるをえなくなる。

秀頼の事、くれぐれもよろしく。

「此《この》ほかは、おもいのこす事なく候。返々《かえすがえす》秀より事、たのみ申候」

こんな哀れな文言を読むと、天下人になんかなりたくないものよ、という気にさせられる。それと人間の耄碌《もうろく》というやつ、地位とか肩書とか財産とか、外からの付加物と関係ないものであり、始末に終えないものである、といういまさらながらのきびしい真理にぶちあたる。ただし、秀吉の辞世のほうはまあまあよろしい。

「つゆとをちつゆときへにしわかみかななにわの事もゆめの又《また》ゆめ」

『この国のことば』

明智光秀という人間の内奥

伝えられている光秀の言葉に、味わい深いものがある。

「仏の嘘をば方便と言ひ、武士の嘘を武略と言ふ。是を以て之を見れば、土民百姓は可愛きことなり」

虚偽、不正、不義、破廉恥など、世のすべての悪も、権力者なら許される。この不条理も戦国の世なればこそ。まともに生きようとしている民衆は哀れで、可愛いというのである。

ここには光秀の時代批判の目が光っている。同時に、それはそのまま権力者としての自己批判にも通じている。知識人的な弱さにもなっている。これある故に、主君を殺害した謀叛人にもかかわらず、光秀という人間の内奥には、どろどろした〝悪〟のおぞましさがまったくない。なにか乱世の不運な犠牲者の面影すらあるのである。

『手紙のなかの日本人』

日蓮の名言

面白いのは「下剋上《げこくじょう》」という言葉。これも日蓮がはじめて使った。正法《しょうほう》である法華経が、真言宗・禅宗・念仏宗・律宗によってないがしろにされている、すなわち「念仏無《む》間《げん》、禅天魔、真言亡国、律国賊」である。その状況を憂えて、それを下剋上と日蓮は評したのである。

『この国のことば』

沢庵和尚が残した言葉

沢庵（漬け物）の名は永遠に残ることになって、せっかく彼が書き残した『不動智神妙録』のほうは、さっぱり忘れられてしまっている。沢庵和尚はさぞや泉下《せんか》で苦笑しているやも知れない。その中の有名な名言の一つを。

「蟹《かに》は甲に似せて穴を掘る。人は心に似せて家を営む。されば、家に大小あれば、心に大小あり」

つまりは、とかくに身を縛られて心を狭くするなかれ、常に広い心を持て、ということ。

『この国のことば』

中江藤樹の学問論

「世間にとり流行《はや》る学問は多分ニセにて候。ニセの学問をすれば、なにの益もなく、かえって気質悪《かたぎあ》しく異風になるものなり」

この藤樹の言葉は、なかなかに含蓄がある。それでわたくしは、皇国史観だの、東京裁判史観だの、「新しい教科書」史観だの、ルーズベルト陰謀説だの、そのときどきで流行る史観には、首を突っこまないことにしている。

『この国のことば』

三尺物とは

三尺物という言葉がある。これは博打うちを主人公にした小説や芝居をいう。捕り手にうしろから帯を摑まれたとき、結び目を前にしておいてパッと解いて逃げられるように、博打うちは一重廻しの三尺帯をしていた。この三尺帯を略して三尺といったのである。

『其角俳句と江戸の春』

江戸の居酒屋は

江戸に初の居酒屋が店開きしたのは？　調べたってわかりっこない。延宝二年（一六七四）十一月に日本橋に魚市場（新肴場）が開設。貞享三年（一六八六）十一月、うどん・そばなど火を持ち歩いての商いが厳禁となる。同時に江戸市中の茶屋・煮売りの総調査。二年後の元禄元年九月、上下水の修理・建設が促進され、本所の市街地化が大いに進む。……

そんなこんなの歴史的事実から、まさに元禄に入ったころより居酒屋が盛んにできたとの見当はつく。

『其角俳句と江戸の春』

猪牙舟《ちょきぶね》のこと

江戸の下町は埋立地、掘割が四通八達であった。これがすべて隅田川に通じていたから、隅田川から山谷堀で、吉原へ行ける。その絶好の乗りものが江戸のゴンドラ、猪牙舟ということになる。

あとを見ぬ人の乗るゆえ猪牙という

川柳も、イノシシのようにあとさきも考えずに吉原へすっとんでいく連中を、かく冷やかしている。なかには、猪牙舟も四ツ手駕籠《かご》も利用できぬ㋥(貧乏人)もいた。そんな連中は歩いてゆく。

猪牙も四ツ手も多かれど下駄を召し……

ついでにいえば猪牙舟の起こりは、「ちょき舟といふは長吉舟なり、押送舟《おしおくりぶね》の長吉といふものが舟の形を薬研《やげん》の如くにして至って早し。これを猪牙舟といふ」とあり、また『広辞苑』によれば、「山谷船」というくらいこの辺の専用舟であった。文化のころには七百艘もあったらしく、吉原通いがいかに繁昌したかが知れる。柳橋から山谷まで片道百四十八文、いまに直せば約三千円か。

『風・船のじてん』

こちとらちゃきちゃきの

レッキとした正統の子、嫡流《ちゃくりゅう》のことを、当時「嫡々」といった。それがなまって「チャキチャキ」。生っ粋の江戸ッ子は「こちとらちゃきちゃきの江戸ッ子でえ」といった。

『老骨の悠々閑々』

失われた下町のシャレ言葉

「何だ、それは。驚き桃の木山椒の木だ」
「恐れ入谷《いりや》の鬼子母神、ちっとも上手《うま》くならねえな」
「ナニ、王手飛車取りだと。何がなんきん唐茄子カボチャ」

そのほかにも、

「あたりき車力に車ひき」

「おっと合点承知之助」

「嘘を築地の御門跡《ごもんせき》」

「運は天にあり、ぼた餅や戸棚」……エトセトラ。

昔はこの種の楽しい言葉が巷に溢れていた。何も江戸時代ばかりではない。日本人は掛け言葉による巧まざる洒落《しゃれ》を、古くから好んだようなのである。先日も謡曲を読んでいたら、いくつもユーモラスな言葉に出会った。『実朝』には「影も形も南無阿弥陀仏」とあったし、『禅師《ぜんじ》曽我』にも、国上《くがみ》の禅師と追手が斬り合い、「法師が斬れば〔着れば〕袈裟《けさ》がけなり」と、まるで落語の下げみたいな一行にぶつかって、思わず笑ってしまう。

いまはこうした愉快な言葉はだれも使わない。使わなければ語彙《ごい》はどんどん貧しくなる。語彙が貧しくなるのは、日本の財産が貧しくなるのと同じである。勿体ないから、老骨は「蟻が鯛なら芋虫ゃ鯨」とどんどんやってはウヒヒヒヒとなっている。

ジョン万次郎の帰国

いまから考えると、黒船の来る二年前の、万次郎のこの帰国は大袈裟《おおげさ》にいえば日本の近代化を、四、五年ぐらい促進したといえる。日本にはじめてアメリカ英語を正式に紹介し、のちに日本を背負う人びとはすべて万次郎の門を叩《たた》いた。日本最初のアメリカ語会話書を造ったのもこの人。たとえば「Good day sir」が「善《よ》き日でござる」と訳されている。さらに遣米使節の通訳として持ちかえったお土産は、写真機とミシンと沢山《たくさん》の書物。ジョン万次郎のもたらしたものはまことに大きい。

伊豆の韮《にら》山の江川太郎左衛門屋敷に「民々亭」という額が掛かっている。万次郎が教えた「人民の人民による人民のための政治」に感動した太郎左衛門が書いたものという。昔これを眺めながらその因縁を知らされ、先達としての万次郎に深々と敬礼したものであった。

『老骨の悠々閑々』

黒船来航に民草は

『この国のことば』

当時、多くの落首や狂歌が作られまして、「泰平の眠りを覚ます上喜撰《じょうきせん》（蒸気船）たつた四杯で夜も眠れず」はご存じだと思いますが、その他にも「陣羽織を異国の波で洗ひ張り返してみれば裏が（浦賀）たいへん」「いにしへの蒙古《もうこ》の時とあべ（阿部）こべに　波風たてぬ伊勢の神（伊勢守）かぜ」「甲冑《かっちゅう》は異国のおかげで土用干し」「三味線をひかずに江戸はから騒ぎ」「よく来たな、アメリカ様にそつと言ひ」――これは沿道で儲けた人が詠んだんじゃないでしょうか。

『幕末史』

鳥羽伏見の戦いの「錦の御旗《みはた》」

慶応四年（一八六八）一月三日の夕刻、薩長を主力とする西軍と、会津・桑名両藩を中心とする東軍が鳥羽伏見《とばふしみ》で激突した。……錦の御旗の威力は絶大であった。

実はこの錦の御旗は、西軍を〝官軍〟とするために、知恵者大久保利通が愛人に買ってこさせた大和錦と紅白の緞子《どんす》とで、長州でいそいで作らせたまったくのニセものであったのである。

〽あれは朝敵征伐せよとの、錦の御旗じゃ知らないか、トコトンヤレトンヤレナ……。

のちの世になっても、この錦の御旗すなわち大義名分ないし正義ッ面というやつは、おおうニセものである場合が多い。心すべきことのようである。

『この国のことば』

治まるめい

上からは明治だなどといふけれど
治まるめい（明）と下からは読む

そんな革命の有難味に無理解の民草をトコトン教育するために、まずは王政復古が唱えられる。いやいや、古きに戻るばかりなのではない、ということで、つぎに百事御一新となる。以下は、王政御一新、大政御一新、朝政御一新、旧弊御一新など、何でもかんでも御一新ということになるのです。

『幕末史』

日本人が時間を意識しはじめたとき

近代日本人にいちばんはじめにそれを意識させたのが「ドン」なんです。明治の新政府、太政官府《だじようかんふ》の布告によって、正午になったことを広く報《しら》せるために「ドン」と大砲を撃ち鳴らすことにしました。そこから土曜日の午後が休みになることを「半ドン」と言いならわすようになったわけですが、これが明治四年（一八七一）のことでした。近代の日本人はこのときからしだいに時間に支配されるようになるのです。

『歴史に「何を」学ぶのか』

四月入学のはじめ

明治の初めの学校は、桜とは縁なき九月入学で、卒業が七月である。……もちろん、この九月入学の理由は、欧米の学校制度にならったから。それと欧米人の教師（お雇い外国人）を招聘する都合もあったからである。

それが四月入学となったのは、先生養成のための高等師範学校がまず最初で、これが明治十九年（一八八六）、これに追随して明治二十五年から全国の小学校が、四月新学年に改めたそうな。以下、諸学校がそれにならって、四月入学という制度が確立する。

この改革は、世の中のことのスタートは花の咲くころ、なんてロマンチックな理由からではなく、官僚と軍人の圧力によった。お役所は会計年度に合わせて四月開始が万事都合がいい。軍部も徴兵の登録やガンガン鍛える訓練のためには、四月が最適であった。

『歴史のくずかご』

年賀状の始まりは

年賀状の習慣が日本で盛んになったのは、今世紀のはじめ明治三十三年（一九〇〇）に、私製葉書の発行が許可されたときからである。ちょうど十九世紀の終りにヨーロッパで絵葉書が大流行し、クリスマス・カードとして愛用されて、互いに交換する風習がうまれた。東は東、西は西で、これがはるばると輸入されてくると、私製葉書とのタイミングもぴったりで、日本では一般庶民のあいだでの年賀状の交換ということになったそうな。

『歴史探偵かんじん帳』

戦争中、年賀状は

《郵便受付箱に新年の賀状一枚もなきは法令の為なるべし。人民の従順驚くべく悲しむべし。野間五造翁ひとり賀正と印刷せし葉書を寄せらる。翁今尚健在にて旧習を改めず。

喜ぶべきなり》（昭和17・1・1）
年賀状交換は昭和十六年いらい強制廃止されていた。

『荷風さんの昭和』

ヨーソロの起こり

またしても海軍で恐縮だが、その用語で有名な「ヨーソロ」の起こりは、といえば、幕末の海軍は「そろそろカラクリ（機械）まわそうではござらぬか」「宣《よ》う候《そうろう》」などとやっていた、その名残りである。

『風・船のじてん』

一等国とは

太平洋戦争が敗北で終結して、一億総虚脱の状態にあったとき、

「これで元の木阿弥、日本は四等国になった」

と、わが親父どのがさびしげにいった言葉が、大そう骨身に沁みた記憶がある。明治生まれの父や母たちには、せっかく営々として造ってきた国を亡ぼすなんて、いくら歎いても歎ききれぬほどつらい現実であったのであろう。……

ところで、明治日本が明治三十八年（一九〇五）九月に帝政ロシアと講和条約を調印し、無理にも仲間入りしようとした一等国とは、どことどこを指すのか、長く抱いていた疑問がこのほど氷解した。山田俊雄氏の著書を読んで、西周《あまね》の訳した『萬國公法』に定義されていることを教えられたのである。勢力（軍事力）の強弱により、ヨーロッパの諸国を第一等国・第二等国・第三等国の三つにわける、と第二巻第二章第四節にある。そして第六節で、イギリス・フランス・オーストリア・プロシャ・帝政ロシアが第一等国にきめられている。

これで、日露戦争に勝ったので、帝政ロシアに代って日本が一等国になった経緯が判明する。ついでに四等国とは一人前の国でないこともわかった。親父どのが歎いたわけである。

相撲が国技となったとき

その国技の美名だってもとを正せば、明治四十二年に昔の両国国技館が完成したときに、先どりしてはじめて命名されたものではなかったか。あのとき、建物が完成したのに名前がまだない。自由党総裁板垣退助が委員長となって命名委員会が結成され、議論百出したが議まとまらず。「武道館」をよしとするもの、「相撲館」を可とするものなど喧々囂々《けんけんごうごう》。

そのとき年寄のひとり尾車が、すでに文人江見水蔭《すいいん》に頼んで書いてもらってあった「開館披露文」を眺めていて、そのなかの一節に目をとめた。

「事新しく申上ぐるは如何なれど、そもそも角力は日本の国技、歴代の朝廷これを奨励せられ、相撲節会《せちえ》の盛事は尚武の気を養い……」

尾車親方がおずおずとだした「国技館」案に、板垣委員長がすぐにとびついた。

『歴史のくずかご』

「ウム、できた！　それでいこう」
五月三十一日、ここに新しい建物は国技館と命名、華々しく誕生した。

『日本人と多文化主義』

戦争中はいつまで相撲があったのか

戦争中はいつまで相撲があったのか、ずっと気になっていたことをこの機会に調べてみたら、昭和二十年六月七日からの一週間、場所も空襲で焼け落ちたあとの両国国技館を片づけて、とわかって驚いた。あの満目蕭条の焼野原の気息えんえんたる時節に、よくもまあ初日の幕をあけたものよ。

もっとも、いつ空襲があるかわからない、というので非公開だったという。観客は傷痍軍人がパラパラ。なんでそんなにまでして開催したのか。相撲協会としては伝統をあくまで守りたい、守るためには番附を残さねばならぬ、という悲壮な決意。これを応援する軍部は本土決戦を前に大いに意気をあげよう、というより、まだ降参してはいないぞと海外向けのPRのため。まことに一億特攻そのものの敢闘精神の旺盛さ。しかし考えてみれば、愚かで軽薄で阿呆らしく、所詮は、やがて悲しき祭りかな、であったことよ。

『大相撲人間おもしろ画鑑』

「万歳」が生まれたとき

お祭りほど国民の気持ちが一つになるものはない。だから、お祭りによって国家づくりをしていったというのは、実にうまい知恵ですね。

そして、さらにそこに何を持ってきたかというと「天皇陛下万歳」とか「忠君愛国」という合い言葉で、ちょうちん行列、旗行列も全部そうです。天皇陛下万歳というのは、明治二十二年に帝国憲法ができたときに東京帝国大学の先生が考えて、帝大の学生たちが宮城前でやったのが本邦初なんです。

天皇が憲法発布のお祝いの会のため皇居の坂下門から出てくるときに、東京帝大の学生がズラーッと並んで、天皇の馬車が前に来たときに一斉に「万歳、万歳、万々歳」とやるはずだった。ところが、一斉にワーッとやったものだから、馬がヒヒーンと跳び上がってしまった。だから一回でやめてしまったという話が残っています。このときにのちに首相になった若槻礼次郎が東京帝国大学の学生で、そこに参加しているんです。若槻さんの回顧録に出てきます。

『いま戦争と平和を語る』

別れの言葉

昔の日本陸軍では、別れは「御苦労様でした」であった。「たくわん切るのも国のため」なら、「ぶんなぐられても御苦労様」であったのである。

東京の藝者の別れの言葉は「お近いうちに」。いわれると胸がすっぱくなる。また東京は下町の古い小料理屋なんかは「お静かに」。また来ようという気になった。

『漱石俳句を愉しむ』

零戦はなぜ零戦なのか

零戦（零式艦上戦闘機）が登場したのは昭和十五年。そもそもなぜ「零戦」と呼ばれるかといえば、昭和十五年が皇紀二千六百年に当たるからなんですね。たとえば九六式戦闘機は二千五百九十六年に、一式陸攻は二千六百一年に制式採用されたことを意味しているんです。

『零戦と戦艦大和』（戸高一成氏・福田和也氏らとの座談で）

裏部屋のアンネ・フランク

アンネ・フランクが日記をつけはじめたのは、一九四二（昭和17）年六月一四日である。アンネの一家はドイツからアムステルダムに逃れてきたが、そこもドイツ軍に占領されてしまう。そしてユダヤ人に対する迫害は強くなっていく。やむなく、プリンセン堀に面した古い建物の、三階の裏部屋にアンネは身をひそめねばならなくなった。七月九日からである。

その隠れ部屋の暗いなかでも、アンネは日記を記しつづける。

「夜、ベッドに横たわるとき、お祈りの最後にこう言います。〝神様、すべての善なるもの、いとしいもの、美しいものに対して、神様に感謝します〟こういうときのわたしは、歓喜に満ちあふれています」

この裏部屋からゲシュタポによって引き出され、一家がアウシュヴィッツ強制収容所に送りこまれたのが、一九四四年八月四日。『アンネの日記』はその三日前で切れている。アンネ・フランクが死んだのは明けて二月、一六歳である。

『昭和史残日録　1926-45』

戦時中、昭和天皇の居間に飾られていた肖像

私はよく講演会などで、戦争中、天皇の居間には二人の人物の肖像が飾ってあったが、

それは誰か？　という質問をするんです。するとみなさん、答えられない。一人はダーウィン。天皇は生物学者でしたからね、ダーウィンを尊敬していたんだと思います。

そしてもう一人はリンカーンなんですよ。そういうと、信じられないと言われてしまうのですが、今回『実録』で、アメリカ訪問中に天皇がリンカーン記念館に立ち寄った記述で、確認ができましたよ。

『「昭和天皇実録」の謎を解く』（御厨貴氏・保阪正康氏との鼎談で）

日本人の変り身の早さ

八月十五日の国家敗亡を迎えたとき、わたくしは十五歳、中学三年生である。熱狂的な軍国少年ではなかったが、それでも天皇のために死ぬ気ではあった。軍需工場で働きつつ、ときには血走った目を吊り上げた大人の叱咤《しった》を浴びながら、大本営陸軍部作成の「国民抗戦必携《ひっけい》」にもとづく訓練に汗と涙をふりしぼったりしていた。

「敵が上陸してきたら国民はその土地を守って積極的に敵陣に挺身《ていしん》斬込みを敢行し、敵兵と激闘し、これを殺し、また兵器弾薬に放火したり、破壊して軍の作戦に協力しなければならない。白兵戦の場合は竹槍で敵兵の腹部を狙って一と突きにし、また鎌、鉈《なた》、玄能《げんのう》、出刃包丁《でばぼうちょう》、鳶口《とびぐち》、その他手ごろのもので背後から奇襲の一撃を加えて殺すこと、格闘の際は鳩尾《みぞおち》を突いたり、睾丸を蹴上げて敵兵を倒すよう訓練を積んで置かねばならない。……」

いま考えれば、戦車と自動小銃をもつものすごくデッカイ米兵を相手に、どうして激闘や格闘ができるというのか。阿呆の極みと申すほかはない。

それがなんたることか。「一夜明ければ」まわりの大人どもはあっさり裏返ったのである。あれほど精神の切替えを鮮やかに、いやノホホンとやってのけた例は、歴史上稀《まれ》であったであろう。大日本帝国は「日本国」となり、民草《たみくさ》のかわりに「人民」が登場、熱血殉国の教師は厚顔無恥にも民主主義の旗ふりとなる。戦争に敗《ま》けるとは、政治的に平伏し軍事的には木っ端微塵《みじん》に砕かれる、だけではすまず、精神的・思想的かつ文化的にも、過去の日本のすべてが全否定されること、と骨身に沁みて思い知らされた。この抜け抜けとした自己欺瞞、保身はいまにつづいている。

『荷風さんの戦後』

志賀直哉の日本語廃止論

「一億総特攻」のはずの戦争が、エッ、こんなにあっさり、ホントニ？　の叫びとともに終結したとき、わたくしは新潟県立長岡中学校の三年生であった。そして、空襲で死ぬことを免れて、空《す》きっ腹をかかえながら、さしたる生き甲斐《がい》を見出せない敗戦後の日々を送っているとき、文学者の思いもかけない発言がいくつもつづいた。

二十一年の総合雑誌『改造』四月号に載った志賀直哉の「国語問題」がその一つ。これはわれら田舎《いなか》中学生間でも話題となった。

敗戦日本の将来を考えれば、日本文化の進展を阻害してきた国語問題の解決こそが緊要である。不完全で不便な日本語を何とかしなくて、日本がほんとうの文化国家になれる希望はない。じゃあ、どうするのか。

《私は此際、日本は思い切って世界中で一番いい言語、一番美しい言語をとって、その

儘、国語に採用してはどうかと考えている。それにはフランス語が最もいいのではないかと思う。》

これにはア然となった。教科書なんかで日本語の名文中の名文として教えられてきた志賀直哉大センセイのご託宣《たくせん》である。

「これからは日本語を廃止してフランス語だとよ。おらあ、おめえが好きだなあ、って言うかわりに、何とクッチャベルことになるンかなや」

「アイ・ラブ・ユーじゃねえのか」

「バカあ、そりゃイイゴじゃろうが」

「フランス語じゃユー・ラブ・アイとなるのかや」

「日本語もろくにシャベレねえがに、大丈夫かなや。シンペエだなや」

そんな愚にもつかない会話を、ポカポカの春の光を浴びて、仲間とかわしたものであった、ように覚えている。

『歴史探偵かんじん帳』

終戦直後の空腹

矢野目源一の、百人一首をパロディーにした傑作もいくつか記憶にとどめている。ただし正確でないところがあるかもしれない。

・配給よ絶えなば絶えねいつもいつもスケトウ鱈《だら》に弱りもぞする――式子内親王
・町なかにうち出でて見れば闇市の物の高値に目を廻しつつ――山部赤人
・敗戦の嵐のあとの花ならで散りゆくものは道義なりけり――藤原公経
・買出しのいくのの道の遠ければまだ粥《かゆ》を見ずうちの膳立て――小式部内侍

ついでにわたくしも一首つくった。

・芋《いも》食ったままの空腹忍ぶれどあまりてなどか飯の恋しき――一利朝臣

ほんとうに、あの時代を生き、体験した人には納得してもらえよう。それなのに、人間の記憶というものは妙なもので、飢餓時代の苦しいときを思いだしても、それにつれて浮かびでてくるお天気はいつも晴れ。「人間の過去はいつも晴天らしいや」と思う。

『歴史探偵かんじん帳』

大臣をなぜ「相」というか

われらジジイとババアの明日は、いまの連中にまかせられないぞ……と先日も老夫婦して憂いつつのんびり語っていたとき、突如、女房どのが質問してきた。

「首相とか外相とか環境相とかいうけど、あの〝相〟はどんな意味なの?」

待ってましたとばかりに答えた。

そもそも宰相などといい室町時代以前からあって、「相」は「助ける」という意味で使われる言葉なんである。……

ならば、誰を助けるのか。もちろん戦前は〝天皇を〟である。これが戦後は主権在民で助ける主体は天皇から国民に変った。はずなのに、そうはいかない。いま各相が助けているのは、属している省や党のためだけ。いや、正しくは大臣としての自分の身分や去就だけか。そんな風に見えてならない、と女房どのに説明し、何となく憮然たる心持ちになった。


『歴史のくずかご』

東京タワーは何の鉄で建造されたか

東京タワーが戦車のスクラップの鉄で建造されていることをご存じか。朝鮮戦争の休戦で戦車がいっぱいあまった。米軍が払い下げるというので、日本の業者が三百輌もの戦車を買いとり解体、製鉄会社に引き渡す。製鉄会社が溶かしてつくった鉄骨がタワー建設中の大手建設会社へ。かくて記録によれば、特別展望台より上の、タワー全体の三分の一の部分にスクラップ戦車の鉄骨が使われているそうな。どうでもいい話ながら。

『ぶらり日本史散策』

東京が日本の首都になった日は

ところで、東京が晴れて日本の首都になったのはいつか。じつに昭和二十五年六月五日のことなのである。この日、首都建設法が国会を通過し、東京を首都と正式に決めることの賛否を、全都民の住民投票にゆだねた。都民だって、いまごろになって何事かと、その意味がさっぱりわからず、投票はすこぶる低調をきわめたが、ともかく過半数を制して、これが成立した。京都市民とは無関係に、である。かくて堂々たる法的根拠をえて、わが東京は日本国の首都となることができたのであります、やっとのことで。……この話、ホントのことですぞ。

『ぶらり日本史散策』

不戦の誓いは脆い

紀元前一五〇〇年から紀元一八六〇年までのあいだに、八千四百の条約が結ばれたが、その寿命の平均は二年であった、という（ジャン・バコン『戦争症候群』竹内書店新社）。この調査以降の百年、平均寿命はもっと短いかもしれない。不戦の誓いは脆いのである。

『ソ連が満洲に侵攻した夏』

第三章

歌と言葉で大いに遊ぶ

歌をつくるということは

詩という字をじっとみつめてみる。思うてもみよ、詩とは言葉の寺と書く。言霊《ことだま》ともいう。詩は言葉すなわち魂の寺なのである。

歌をつくる、まったくできない日、すらすらとできる日といろいろあるが、少なくとも毎日、歌を考えつづけていると、なぜか歌は自分の遺書だという気がしてくる、歌をつくるとは遺書を書いていることと同じことなんです、とわたくしに苦しそうに述懐した友があった。

『万葉集と日本の夜明け』

万葉のおおらかさ

万葉時代というのは大きくて、おおらかで、骨格が太く逞しかったように感ぜられてならない。なぜか日本文化の特色のようにいわれているような「わび」「さび」とは、隔たるところがはるかに大きかった気がしてならないのであるが、みなさんは如何《いかが》？妻の姿をよく眺めたいから山よなびけと歌い、恋人と寝ようとしているのだから雷よ静かにしろと歌いあげる万葉歌人には、壮大なエネルギーがあったのではあるまいか。小ぢんまりと、みみっちく、きめのこまかい、ひそやかな美しさは、およそ東歌とは無縁なのである。もっと躍動的な力強さにみちみちている。

『万葉集と日本の夜明け』

清少納言の狸寝入り

余談だが、狸寝入りを「空寝《そらね》」ともいうが、この言葉を『枕草子』で見つけてすこぶる悦に入った。すなわち、

「家にても、みやづかひ所にても、あはでありなんとおもふ人のきたるに、そらねをしたるに、わがもとにあるものども、おこしよりきては、いぎたなしと思ひかほに、ひ

きゆるがしたるいとにくし」

嫌な野郎に会いたくないのでせっかく狸寝入りをしていたのに、わざわざゆり起こしにくる阿呆がいる、というわけである。

『其角俳句と江戸の春』

源氏物語を見直した

わたくしは『源氏物語』をはじめて原文で読んだとき、ごくごく人なみに、噂にたがわぬ難解な文章だなと、かなりの閉口感をぬぐえなかった。しかし、少々我慢して読みすすめているうちに、紫式部という作家はどうしてどうしてリズム感のある名文家だわい、と思うようになった。それほど中味は大した話でもないのに、紫式部の手にかかる流麗な文章に酔わされて、人の心の微妙な奥深さに打たれてしまう。そんな経験をしばしばした。

『文士の遺言』

紫式部と清少納言、犬派か猫派か

『源氏物語』と『枕草子』に登場する動物を数えてみますと面白いんです。『源氏』には犬が二回、『枕』には十五回出てきます。逆に猫は『枕』には五回なのに、『源氏』には十九回、しかもすべて「若菜の巻」に限られています。紫式部は猫派で、かなりのエゴイスト、清少納言は犬派で、こっちは忠臣的なんじゃないかと(笑)。

『日本史が楽しい』(永井路子氏・杉本苑子氏との鼎談で)

魚が船に飛びこむこと

大学のボートの選手だったころ、隅田川や荒川放水路でしばしば体験したが、これを目出たいことと(昔の人は)したものであった。これは遠く中国の故事による。司馬遷の名著『史記』の周本紀にある話だが、周の武王が殷《いん》を攻め滅ぼそうと黄河を渡ろうとしたとき、中流あたりで白魚が武王の乗った船のなかに飛びこんできた。武王これを手にとって大いに喜んだ。

なぜなら「魚はウロコのあるもの、つまりはヨロイ、兵の象徴だ。そして白魚の白い色は殷の国の色。それが武王の船に飛びこんできたのは、殷の運命が周の武王の手につかみとられたと同じこと」という解釈ができる。だから目出たい目出たい、と。

頼山陽の『日本外史』には、平清盛がまだ若いころ、任地へ向かうため船にのって海をいくとき、飛魚がおどりこんだ話がのっている。

「これこそ家を興すの兆《きざし》なり」

とある人にいわれて、清盛は欣喜雀躍したらしい。そこで一首あり。

白き魚の御舟のうちに入りしこそ御代治《おさ》むべきしるしなりけり　中務内侍

歌人も権力者にたいしては、なかなかに苦心をしているようである。われらの大学のボートが、魚に飛びこまれ目出たいとは思ったが、だからといって、その年に優勝した、という記憶がない。要するに偶然にすぎないのであるな。

『風の名前　風の四季』

日本語に風のつく言葉は多い

日本語に風のつく言葉が実に多いことにびっくりさせられる。風韻、風雅、風格、風狂、風景、風光、風趣、風習、風情、風俗、風体、風致、風土、風物、風聞、風流などなど。わが好む風来坊という言葉もある。天地自然に関するものばかりではなく、風には人の生き方もあれば、芸の極意も含まれる。

風が吹かば風吹くままに、という生き方を無上の心得としている人間が、偉そうなことを言うつもりではなく、風は文化であるな、とそう思う。

『老骨の悠々閑々』

蚤を飼っていた良寛

いま蚊だけがわずかに踏ん張っているが、その昔、夏の嫌な奴の四天王は、蚊、蚤、虱《しらみ》、南京虫ときまっていた。ところが、そやつらを平気で飼っていた人がいる。越後の良寛さんである。ムズムズしてくるような話が残っている。とくに蚤を愛し、ときどき何匹か衣服からひねり出しては、紙の上で競走させて楽しみ、レースが終わると、一匹残らずわが身に戻したというのである。良寛の歌がいい。

のみしらみ野に鳴く秋の虫ならば
わがふところは武蔵野の原

『其角俳句と江戸の春』

名句とは

だれもがいちどは口ずさんだことがあろう名句。

「降る雪や明治は遠くなりにけり」

中村草田男の作である。

草田男の回想によると、はじめ「雪は降り」であったのを、後日「降る雪や」にあえて直したという。「降る雪や」は切れ字というより、軽い詠嘆の感じ。つまり、いっさいの追憶も哀愁も覆いつくしてしんしんと降る雪なのである。やに万感の思いがこめられている。名句とはすべてを包み込む。

『昭和史残日録　1926-45』

橋と日本人

ありがたやいただいて踏む橋の霜

元禄六年（一六九三）十二月、新大橋が隅田川にかかったとき、芭蕉がよんだ句だ。日本人は「橋」になにか精神性をもっていたらしい。……橋・端・箸・梯・嘴、それに柱とか艀《はしけ》とかいう言葉もみんな「はし」である。真ん中に空間があり、こっちからあっちへ渡すもの、それはすべて「はし」であった。道の終わりから新しい道に移るのも「はし」、自分のいるところから他人のいるところへ移るのも「はし」。橋に関して日本人は此岸から彼岸へ渡るという宗教的イメージを描いていたようだ。

隅田川にいちばんはじめに架けられた橋は千住大橋。施行主は徳川家康。現実主義のおっさんだから、軍事目的の上から、川に橋は安易にはかけられぬ、とした。だから、二番目の両国橋は四代将軍家綱の時代にやっとでき、五代将軍綱吉になって新大橋と永代橋がかけられた。さすがに泰平の世の都市集中は、両国橋一つじゃまかないきれなかったのである。お蔭で四十七士は右往左往しないですんだ。


『隅田川の向う側』

芭蕉の一節

旧制中学の時代に、芭蕉好きの国語の教師から翁の〝名言〟をみっちり仕込まれた。いまでもときに口をついて飛びだしてくる。……

なかんずくつぎの一節がいい。

「……ある時は仕官懸命の地をうらやみ、一たび仏籬《ぶつり》祖室《そしつ》の扉《とぼそ》に入らむとせしも、たどりなき風雪に身をせめ、花鳥に情を労して、暫《しばら》く生涯のはかり事とさへなれば、終に無能無才にして此一筋につながる。……」

あるときは武士をうらやみ、あるときは仏門・禅室に入ろうと考えたこともあったが、俳諧を一生の仕事ときめてしまったわが生涯は、無能無才ながらこの道一筋につながっている。翁は風雅に悔いなし、といいきっているのである。わたくしも出世するものをうらやみ、あるいは何かにつまずきそうになったとき、なんど「無能無才にして此一筋につながる」と自分を叱咤《しった》し、歴史タンテイ一筋でやってきたことか。

『歴史をあるく、文学をゆく』

蕪村と薫風

日本の詩人が薫風という語感を発見したのは、中国の漢詩文からではないかと想像される。「薫風南より来たり、殿閣微涼《でんかくびりょう》を生ず」（蘇東坡《そとうば》）など大いに愛誦されたであろうから。これが時代が下って江戸に入ると、やっと〝風薫る〟という使い方がでてくる。

とくに蕪村がこの語を好んで用いている。

高紐《たかひも》にかくる兜やかぜ薫る

祇園会《ぎおんえ》や真葛《まくず》が原の風かをる

『風・船のじてん』

笠の上の雪

かなり知られた宝井其角の句に「我が雪と思へばかろし笠の上」がある。一般的には「笠ハ重シ呉天ノ雪」という唐詩の詩句を踏まえている、とされている。それで、それ以上の解説不要なのであるけれども、つい先日ちょっと面白い発見をしたので記しておきたい。

寛永十一年（一六三四）刊行の『尤《もつとも》の草紙』という著者不詳の本がある。「長きもの」「綺麗なるもの」「きびのよきもの」など四十条、『枕草子』に模して偉そうに一席ぶっているが、なかに「重きもの」の項がある。

「尤《もっと》も重きは父母の恩、兜に具足《ぐそく》、鎖袴《くさりばかま》、古布子《ふるぬのこ》、年貢の俵、商人の海道荷《かいどうに》、下手《へた》の謡《うたい》、上手な薬師《くすし》と、しめりの茶臼《ちゃうす》に、鮓《すし》のおし、お局《つぼね》の乗物、不精者の起居《ききょ》に、笠の雪」

其角は「何だ、いとも常識的で、エスプリが利《き》いとらん」とくさしながら、恐らくはこの本を読んだに違いない。それでそんな常識をひっくり返して、欲張りにはオレの物だと思えば笠の雪も軽いもんだ、とやってのけた。そこにこの句の手柄がある。

其角のこのシャレは小唄なんかにもとりこまれた。

「我がものと思えばかろき笠の雪、恋の重荷を肩にかけ、いもがりゆけば冬の夜の、川風さむく千鳥なく、待つ身につらき置炬燵、ほんにやるせがないわいな」

『其角俳句と江戸の春』

其角俳句に江戸情緒は、よく似合う。

酒をのみ出したとき

すこぶる気に入っている宝井其角の句がある。「十五から酒をのみ出てけふの月」。親父の晩酌につきあわされ万病の薬を飲み出したのは小学一年生のとき。十五じゃずいぶんと〝遅かりし其角どの〟ということになる。

深読みをすると、句からはほんわかとした色香も匂ってくる。すなわち、『論語』にいう、十五は学に志すの年と。俺もその十五で芭蕉翁について俳諧の道に志し、ついでに酒道にも。当然のことながら、酒とくれば女、すなわち色の道なり、そっちのほうにも腕をあげ磨いてきて今日に至る……と。

その趣きが「けふの月」にあるではないか。月はけだし遊里に照る月ならん。酒に女に全盛をつくし、「けふの月」に万感の想いを盛る。いやいや名句であることよ。

『其角俳句と江戸の春』

人はなぜ酒を飲むか

それにしても人はなぜ酒を飲むのであろうか。作家の阿刀田高《たかし》さんが実に簡にして要の答えをだしてくれている。「酒を飲むのは次の三つの場合に限られる。一つ、うれしい時。二つ、悲しい時。三つ、その他の時」――この「その他の時」というのがまことにうれしい。まったく、その他の時によく飲んできた。……

さらにまた、「一、節句と祝儀のときは飲むべし。二、珍客あらば飲むべし。三、よきさかなあらば飲むべし。四、月見、雪見、花見の時は飲むべし。五、二日酔いをさます時は飲むべし」と年がら年じゅう酒を飲むことをすすめたのは、蜀山人《しょくさんじん》大田南畝《なんぽ》ではなかったか。なにかの本で読んで気に入って覚えている。都合のいいことは容易に忘れないものである。

『漱石先生大いに笑う』

泣き笑いの一茶

泣き笑いの文学というものがあれば、一茶の句はその第一等に位置するように思われる。いや、正しくは笑い泣きとすべきか。俳諧の根本義は滑稽である。笑いを低くみる日本人には敬せられることはないかもしれないが、わたくしなんかには一茶句は楽しくてならない。笑って、そのうしろに涙をみる。一茶の生涯や人間像の複雑さを知れば知るほど、その句に笑い泣きするほかはないのである。

『手紙のなかの日本人』

一茶の人生観

晩年の句は新味も、工夫もみえなくなった。が、それでも洒脱《しゃだつ》にして執念の人らしく、いい句がいくつも残されている。「大根を丸ごとかじる爺《じじい》かな」。そして「世の中は地獄の上の花見かな」「花の陰寝まじ未来が恐しき」。毎日をいい気になって暮らしているが、所詮、この世は短く、明日は地獄へ逆落とし。そう思うと、安楽な気分で今夜寝るのも恐ろしい、明日が来ないんじゃないか。なんて、彼の人生観がよく出ている。

なかでも「淋《さび》しさに飯をくふ也秋の風」。秋風に吹きさらされながら飯でも食うよりほかない淋しさ。この句には、あてのない絶対的な孤独感がにじみでている。

『この国のことば』

一茶の名句あるいは名言

　けふの日も棒ふり虫よ翌《あす》も又

わが愛誦する句である。なにかというと、しょっちゅう口をついてでてくる。前書きに「日々懈怠《けだい》ニシテ寸陰《すんいん》ヲ惜シマズ」とある。なまけになまけて時間を無駄にしているとき、この句を知ってさえいれば、だれでもがふと口ずさむにちがいない。名句というよりも名言の一つに組み入れたくなってくる。

　季語は棒ふり虫で、ボーフラのことである。一茶はそれを「一日を棒に振ったよ」というムダに掛けている。

　その棒に振るの語源は――江戸時代には、棒手振《ぼてふ》りといって商品を棒の両端につるして担いで、呼び売り歩く商人がいた。いまもときどき見かける金魚売り、風鈴売りといったところ。その棒手振りが街角を歩いて、よく売れて物がなくなって、荷い棒をふるだけになったところから「棒にふった」の語ができた、となにやらこれまでされてきているらしいが、妙である。それなら行商にとってはむしろ嬉しい話ではないか。

『一茶俳句と遊ぶ』

日本語に翻訳した先人の奮闘努力

近代日本は追いつけ追い越せで、それこそ血眼になってあらゆるものを摂取したが、言語の違いを超えるため、すべて日本語に翻訳せねばならなかった。先人たちの奮闘努力がどれほどのものか、これは想像を超える。

結果として、維新このかた大正七年ごろまでに、新造語がどしどし造りあげられていった。その翻訳の大親分が森鷗外である。交響楽《シンフォニー》、詩情《ポエジー》、空想《ファンタジー》、民謡《バラード》、女優《アクトレス》、長編小説、短編小説……。夏目漱石も言葉の開拓者よろしく新語をさかんに使った。不可能《インポッシブル》、経済、価値、連想、打算、電力、無意識《アンコンシャス》……、どれも『吾輩は猫である』にでてくる。

こんな漱石・鷗外時代のきちんとした意味のある言葉を造る苦労も知らないで、いまは勝手気儘《きまま》に新しい言葉をポンポンとこしらえ、さっさと捨てていく。言霊《ことだま》としての文字への怖れを失い、私たちは言語を消耗品のごとくにしてしまっている。

『老骨の悠々閑々』

曲学阿世の連中たち

あまり上手いと思えないが、好むのは三好達治のつぎなる句。

木枯やこのごろ多き阿世の徒

これが昭和十八年の句とわかると、句とは別の感興が湧いて出てくる。太平洋戦争の真っ最中の「阿世の徒」とは？　戦時下の曲学阿世（真理を曲げ、世におもねる言説とは、はたして平和を唱えている人びととはおもえないから、当然のこと良心をかなぐり捨てて権力に気に入るような発言をする輩、ということになろう。こんな情けない連中ばかりが大声を張り上げている世に生きることは、さながらピューピュー木枯に吹きさらされているような気持ちにならざるをえない。現代日本もまたなんとなく……。

『風の名前　風の四季』

文化は無駄の上に華ひらく

昨今は一億総大学卒で上品になったためか、威勢のいい悪態や悪口の啖呵を耳にしなくなった。罵《ののし》りとくればバカヤロウだけで、ほかの言葉を聞く機会がトンと減った。それ自体は日本も近代国家となった証しで慶賀すべきことなのかもしれない。

が、文化なんてものは、多くの無駄の上に華ひらくもので、損得の計算だけで形成されるものではない。言葉を減らすことは、せっかく築いてきた日本人の財産を失うことなんである。近ごろは万事に端的かつ直線的になりすぎて、余裕がないのがすこぶる面白くないのであるが、どんなものか。

『老骨の悠々閑々』

下町のおまじない

東京は下町の町家では、爪《つめ》を切るときは、日を選ばなくてはならなかった。卯《う》の日、亥《い》の日、巳《み》の日、未《ひつじ》の日には爪を切らせてもらえなかった。ウイミヒツジと記憶させられ、それらの日にどうしてもやむを得なくて爪を切るときは、「天竺《てんじく》に爪の供養が始まって、卯亥巳未に爪を嫌わず」とおまじないをいえばよかった。

ほかにもこんな禁忌《きんき》がわれらが日常のまわりに山ほどもあった。戦前の、幼いころの下町には、古い生活がまだまだいきいきとしていた。「箒《ほうき》をまたぐと背が伸びなくなる」、「足袋をはいたまま寝ると親の死に目に会えない」、「子供が火いたずらをすると寝小便をする」、「夜、鶏の鳴き真似をすると火事になる」、「夜、口笛を吹くと泥棒が入る」、「新しいものを夜おろすと化物に会う」、「茶を猪口《ちよこ》で飲むと中風《ちゆうぶう》にかかる」、「頭の毛を火にくべると気が狂う」……。

火鉢におこした炭がパチンとはねると、母は火鉢のなかの炭火に向って、

「山にいたこと、忘れたか」

と叱るのを常とした。蜂《はち》が家に入ってくると「ハチ、ハチご免《めん》だ、お前の家《うち》や火事だ」という。そんな古風なことが昔はまだ沢山残っていた。

『漱石先生大いに笑う』

荷風が尊敬した文学者

「文学者になろうと思ったら、大学などに入る必要はない。鷗外全集と辞書の言海とを毎日時間をきめて三、四年繰返して読めばいいと思って居ります」

荷風のエッセイ「鷗外全集を読む」（昭和十一年）の一節である。上田敏《びん》と巌谷小波《さざなみ》を敬愛していたが、森鷗外にたいする荷風の尊敬、傾斜はその比ではない。右の文章をよめば十分に納得されることであろう。

『歴史探偵かんじん帳』

あのころ荷風さんは鍋底の石だった

いろんな人の日記を読みましたけれども、戦時中の荷風の日記『断腸亭日乗』は最高です。……山ほどいる日本人の中で、戦争に熱狂せずにあんなに冷静に、あんなに戦争と関係なしに生きた人はいないのではないかと思います。

わたくしは荷風についてしゃべったり書くときによくいうことですが、当時の戦時下の日本はいってみれば沸騰した鍋といっていい。日本人がみんなカッカとなっていた。その鍋の底の方で冷たくもならなければ熱くもならないで一つの石ころがゴロンと転がっている。それが荷風さんですね。

『いま戦争と平和を語る』

『濹東綺譚』の玉の井で

物語のすすむにつれて、この街の世俗人情があざやかに描かれる。蚊遣香《かやりこう》の匂い、氷白玉、焼芋、路地の無花果《いちじく》と葡萄の葉の茂り、すだれを打つ秋風と、視覚と聴覚と嗅覚とがフルに活用されて、季節の微妙な移り変りは荷風さんの老練にして艶麗《えんれい》な筆で見事に写しだされている。向島っ子のわたくしにはこれがもう堪らない。念のために書くが、昭和五年に玉の井の隣の町にわたくしは生まれ、育っている。

『歴史をあるく、文学をゆく』

荷風の句の寂しさ

俳句の本道たる「さび」とは遁世《とんせい》のさびしさであると説く荷風に、滑稽や奇想を求めるのは求めるほうが悪いということになる。なるほどそういわれてしまうと、自分自身をうたったような句にも、自嘲や卑下や自讃なんかより、ひたすら寂しさだけがにじみでている。

・永き日やつばたれ下る古帽子

『荷風さんの昭和』

戦争中の荷風はあっぱれである

戦中の『日乗』を読んでくると、荷風さんが平和裡も戦争下もかかわりなく、自分の人生をそのままに生きていたことがよくわかる。終戦を中学三年生で迎えたわたくしなりに、あの当時の殺気だった日本人を知っているだけに、ひとり正気を保っていた荷風さんの生きっぷりには驚嘆するほかはない。その生き方を自分の殻にとじこもっていた、と評する人がいる。そのいい方を使えば、外からいかに火にあぶられ住めなくなるほど殻が熱くなっても、荷風さんは悲鳴をあげず泣きごともいわず、底冷えするような視線をもって、この時代を傍観していた、ということになる。まったく人間離れしたあっぱれな生きっぷりであった。

『荷風さんの昭和』

荷風が見つめていたもの

昭和の戦時下を生きて、荷風さんはついに日本人ではなかったのではないかと思う。いや、戦後もまた、この人にあってはかりそめの世であったようである。日本にいながら、日本からの亡命人でありつづけた。その生涯を終える昭和三十四年までの昭和の時代を、荷風さんは『日乗』のなかでのみ生きていたのであり、過ぎていく激動の歳月を夢まぼろしと眺めていた。

一言でいえば、戦前の「聖戦」観念とも戦後の「解放」意識とも、荷風さんは縁なき存在であった。首尾一貫して政治や社会の変化の背後の不気味な闇だけをみつめていた。

『歴史探偵　昭和史をゆく』

荷風の月

「月の詩情」といえば、永井荷風がすぐに想いだされる。名作『濹東綺譚』は六月末の夕月にはじまり、九月十五夜の月で終わる。月は遠く離れた人の心と心とを自然に通わせる。老残は月を見ることで悲喜こもごものなつかしい過去に想いをはせる。辛い想いも月によってなぐさめられる。

落ちる葉は残らず落ちて昼の月

荷風の句である。おそらくおのれの心境を詠んだものであろう。裸木にかかったように浮かぶ昼の月――孤独なおのれの姿なんである。

『其角俳句と江戸の春』

荷風の随筆集『冬の蠅《はえ》』がいい

永井荷風の随筆集に『冬の蠅』一巻がある。弱々しく飛んでいるくせに結構図々しく生きているところのある冬の蠅、このタイトルがシャレていてすこぶる気に入っている。その序にいわく。

「憎まれてなからへる人冬の蠅といふ晋子が句をおもひ浮べて、この書に名つく。若しその心を問ふ人あらば、載するところの文、昭和九年の冬よりあくる年もいまだ立春にいたらざる時つくりしもの多ければと答へんのみ。亦何をか言はむ。老いてますます憎まるゝ身なれば」

余計なことながら、晋子とは其角のこと。この『冬の蠅』の愛読者として、わたくしは其角のこの句はつとに好んで口の端にのせてきた。そして、いま「憎まれて長らふ」老骨になってみると、いっそう身につまされてきて、こよなくいい句に思えてくる。

『其角俳句と江戸の春』

荷風が見捨てた墨堤《ぼくてい》

いまの墨堤を歩みてたれか昔を想わざる。百五十億円もかけて造った高いコンクリートの防潮堤でもはや川面《かわも》が見えない。公害に汚染されたくさく黒い川と、恐竜のように頭上をのたうち回る高速道路と車の轟音、墨堤は見るかげもない。市民には打ち捨てられ、わずかに春の花見のとき、つながりを求めて酔っぱらいが集うが、慰めともならぬ気散じにすぎぬ。

隅田川の景観を滅ぼすことなしに高度成長なく、高度成長なくして戦後日本の存立がありえなかった、とでもいうのであろうか。

それは長い間の政治の不在と、経済効率第一と、つくった人間たちの低い知性とを物語っている。そして抗議しなかった地域に住む人びとの無気力と怠惰とを。また、東京都民のそれを。

荷風さんもついに、戦後も昭和三十年になってエッセイ「水のながれ」で、

「百花園は白鬚神社の背後にあるが、貧し気な裏町の小道を辿って、わざわざ見に行く

にも及ばぬであろう。……長命寺の堂宇も今はセメント造りの小家となり、……」
と見捨てた。

『荷風さんの昭和』

昔の東京の銭湯

向島の銭湯（たしか「堤湯」といった）には、ボート漕ぎ時代、大変お世話になった。尻っぺたに絆創膏をはった山賊のような大男の集団が、毎夕、割引風呂券で一度にどっと押しかけるのである。いかに商いとはいえ、迷惑限りないことであったろう。……詩人の田村隆一の名言に「銭湯すたれば、人情もすたる」というのがある。だらりと下げた裸のつき合い、ボートマンの友情の育成になんぼか堤湯さんが力を貸してくれたことか。

それで感謝をこめて（？）調べてみた。

いま都内に銭湯は二二八六軒（一九八三年九月末現在）あって、松の湯が五十七軒で第一位。ついで栄湯三十九、寿湯三十六、鶴の湯三十四、大黒湯三十三、梅の湯三十二、亀の湯二十九、日の出湯二十八、竹の湯二十五、富士の湯二十三で（以下略）、ごく少数だが、弁天湯、恵比寿湯、布袋湯と目出たい名もあり、福禄寿湯がどこかにあれば、七福神めぐりができないでもない。

わが向島の堤下の堤湯さんの背景画は、ご存知の富士山と三保の松原と駿河湾の白帆ではなかったか。都内の銭湯の約三分の一は富士山組だ。近ごろはダンボやウルトラマンなど漫画の主人公が、湯気の向うで大活躍している銭湯も出現している。（足立区西新井栄町一―七―九・第二堀田湯、渋谷区本町五―六―七・穂積湯、中野区野方一―二一―一・昭和湯など＝編註・原典刊行時調べ）

『隅田川の向う側』

司馬作品の魅力とは

司馬さんは『燃えよ剣』のあとがきで、「男の典型を一つずつ書いてゆきたい。そういう動機で私は小説書きになったような気がする」と書いています。これを私なりに言いかえれば、司馬遼太郎という作家は、日本人の典型、それも、我々がかくありたいと思うような日本人を描き続けた作家でした。そこに、今もなお司馬作品が日本人に愛され、繰り返し読まれている魅力の核心があるのではないでしょうか。

『司馬遼太郎 リーダーの条件』（山内昌之氏・磯田道史氏・水木楊氏との座談で）

司馬さんが昭和を描かなかった理由

司馬さんの小説は、つねに主人公の人間のその最良のところを示し、かつそれを現代に蘇らせる、そこに成立していたようです。砂漠のなかの一個の砂粒のような人の心の美しさをあらわすことに、司馬さんは全力をつくすのです。ですから、司馬さんの小説はいつも明るい。その司馬さんには青史に恥ずべき、ヘドの出るような昭和の人物群像はついに書けなかった。怨念や憤怒や嫌忌では昭和史は書けないものなのかも知れません。

〝情報〟をめぐる司馬さんとの会話

司馬　現実感覚をうしなった国民のうぬぼれが日本をわるくしたんです。もう日露戦争後は全部わるくなっていく。戦勝後に、新聞、雑誌、それから教育の現場で、実はこうだったと真相を教えるべきでした。真相というものを、軍が秘密にして秘密にして、国家もリアリズムだ、という感覚を持たない陸軍や国民をつくって、アジアを巻きこみつつ国を亡ぼしてしまいました。……

人間にはいかに考える材料が必要か、情報というものが必要かということですね、そして、その情報は庶民が持っていなければいけないのです。

半藤　カードを隠す、情報をできるだけ秘するということでは、この国は現在もあまり変っていないのではないですか。

『清張さんと司馬さん』

わたくしが聞いた司馬さんの最後の言葉

亡くなるちょうど一年前の一九九五年二月に、久し振りにお目にかかり、一緒に酒をのんでいろいろと話をうかがいました。その夜はもっぱら現代日本にたいする憂いがテーマでした。……いまならまだ間に合うかもしれない、皆が智恵をしぼれば、一億の国民のうち八〇パーセント、いや九〇パーセントが合意できることが見つかるのではないか、と。そんなものがあるんですか、と聞いたのです。司馬さんは、

「それは君ね、自然をこれ以上壊さないということだよ。もとに戻せといったって無理だから、ここまでは許すことにしよう。しかしこれ以上はもう壊さないことを、日本国民が全部で合意しようじゃないか。そうしなければ、われわれは子孫に顔向けができないじゃないか」

と言う。ということは、これ以上私たちが欲望を拡大しない、贅沢を望まない、ということを全員で合意することでもありますが。

「空を見ても、川を見ても、山を見ても、ああ美しい、いい国に生まれたなという思い

を、子供たちに残す。それが私たちの義務というものじゃないか」

というのが、わたくしが聞いた司馬さんの最後の言葉でした。

『清張さんと司馬さん』

安吾さんの「勝海舟」論

「勝海舟の明治二十年、ちょうど鹿鳴館時代の建白書の一部に次のようなのがある。『国内にたくさんの鉄道をしくのは人民の便利だけではなくそれ自体が軍備でもある。多く人を徴兵する代りに、鉄道敷設に費用をかけなさい』

卓見ですね、当時六十五のオジイサンの説である。……兵隊なんぞは無用の長物だ。尤も、それよりも、戦争をしないこと、なくすることに目的をおくべきであろう。海舟という人は内外の学問や現実を考究して、それ以外に政治の目的はない、そして万民を安からしめるのが政治だということを骨身に徹して会得し、身命を賭して実行した人である。近代日本においては最大の、そして頭ぬけた傑物だ」

　この、安吾さんの「卓見ですね」には、生涯をとおして不変不動であった勝の合理主義にたいする最大の評価がある。一大強国になるべく軍備増強に金をかけるよりも、鉄道建設に金をかけよ。勝のこの主張に満腔の敬意を表している。それはまた安吾さん自身の合理主義でもあったのである。軍備増強にやみくもに走るだけ走って、ついに国を滅ぼした昭和日本への、安吾さんの痛烈にして痛切な批判でもあるであろう。

　さらにこのあとをつづける。

「明治維新に勝った方の官軍というものは、尊皇を呼号しても、尊皇自体は政治ではない。薩長という各自の殻も背負ってるし、とにかく幕府を倒すために歩調を合せる程のことに政治力の限界があった。／ところが負けた方の総大将の勝海舟は、幕府のなくなる方が日本全体の改良に役立つことに成算あって確信をもって負けた。否、戦争せずに負けることに努力した。／幕府制度の欠点を知悉し、それに代るにより良き策に理論的にも実際的にも成算があって事をなした人は、勝った官軍の人々ではなく、負けた海舟ただ一人である。理を究めた確実さは彼だけにしかなかった。官軍の誰よりも段違いに幕府無き後の日本の生長に具体的な成算があった」

『それからの海舟』

「人間は生き、人間は堕ちる」

「人間は生き、人間は堕ちる。そのこと以外の中に人間を救う便利な近道はない」「堕ちる道を堕ちきることによって、自分自身を発見し、救わなければならない。政治による救いなどは上皮だけの愚にもつかない物である」

いずれも作家坂口安吾の言葉である。

敗戦直後の一九四六（昭和21）年の月刊誌『新潮』四月号（一日発行）に『堕落論』が掲載された。いまもこの戦闘的なエッセイがでたときの、大いなる衝撃をまざまざと思い出せる。

生き残った特攻隊員がヤミ屋になり、戦争未亡人が恋をするような混乱した世相を、人々は堕落とさげすんだが、安吾はこれを全肯定した。むしろ戦時下の異常な緊張感の内にあった純粋さのほうが、ウソのような理想郷、マボロシなのだと言いきった。大義名分だの、不義は御法度だの、義理人情だのニセの着物を脱ぎさり、好きなものを好きだという赤裸々な心になろう、それが人間再建の第一歩だといった。まことさっそうたる発言であった。

『昭和史残日録 戦後篇』

信長と安吾さん

「信長はその精神に於て内容に於てまさしく近代の鼻祖《びそ》であったが、直弟子秀吉を経、家康の代に至って近代は終りを告げてしまったのである」(坂口安吾『鉄砲』より)

ホトトギス鳴くころに命を落とした男にその織田信長がいる。信長といえば、ここ十数年来、年が明けるとまず坂口安吾の長篇小説『信長』を読むことを習わしとしている。今年もまたそうであった。

この小説は本当におもしろい。信長のバカぶりに惚れこんでいる安吾さんのバカぶり。型にいささかも捉われず、型を破る。それも破るために破ったのではなく、生きていくことの必要が、そこからはみだしたまで。信長も安吾さんもおんなじとなる。徹底して合理的でありながら、合理主義というものに固着しない闊達な生き方、それもまた、信長であり安吾さんである。

『世界はまわり舞台』

歴史探偵になった日

安吾さんは呵々大笑していった。

「日本の古代史はタンテイ小説みたいなものさ。だから、記紀の記事をもって、これが史実だときめこんで、崇めたてまつって真偽の証拠の規準にする、それで簡単に判定して、しかもそれに疑いをもたないタンテイなんて、信ずるに足らん愚物なんじゃよ。要は自分なりのタンテイ眼をしっかり働かせることじゃな」

こんな風《ふう》に毎晩、川中島合戦にはじまって、織田信長、関ヶ原合戦、天草四郎とその反乱、そして鉄砲と日本人について、懇切ていねいな歴史の腑分けを教えられたのである。安吾流のタンテイ術を伝授されたのである。これで開眼しなけりゃ、「バッカダネー」と笑われた上に、「どじの、ぼんくらの、表六玉の、おたんちんの、罰当りの、あんぽんたん野郎」と罵倒されてもやむをえないであろう。

かくて、この夜から、わたくしは安吾タンテイに許しをえずに弟子入りし、みずからも歴史タンテイを名乗ることにしたのである。そしてあれから半世紀余、自分なりのタンテイ術に磨きをかけ日本近代史の解明に挑んでいる。


『坂口安吾と太平洋戦争』

藤沢周平の『蟬しぐれ』に泣く

わたくしは『蟬しぐれ』を、拾い読みもふくめて五度は読んでいる。そしてそのたびに、よりそって荷車をひこうとするふくのけなげさの場面で涙がにじみ、つぎの一行が読めなくなる。……

涙がでる理由なんか考えたくもない。要するにわたくしは、こういうしみじみとした世界が好きなんである。〝けなげさ〟という、いまは失われた人間の感情がなつかしくてならないのである。海坂藩の町並みといい、蟬の声といい、人間といい、これほど優しく書いた作家がほかにいるだろうかと思う。
ここにでてくる人びとは、くり返すが、今日もいるありのままの人間たち、運命のなかにあって忍耐し、努力し、落ち着いて考え、行動する、そのような人たちなのである。ひょっとした感情の流露によって、また偶然によって、そのように行動せねばならなかった。しかし終れば、もとの静かな日々へと戻る。背景には、競争によって名誉とか地位とか貧富が定まるような近代社会が、およそ持とうとしても持てない悠々たる時間が流れている。それがまた、たまらなくいい。

『歴史をあるく、文学をゆく』

松本清張の小説のアイデア

雑談のときの「いびき」の話も面白かった。戦争中、徴兵された清張さんは朝鮮の第二十四連隊に入隊しました。やがてニューギニアへ送られることになっていた、といいます。

「半藤くんはよくご存じのように、ニューギニア戦はべた負けの負け戦さだから、行ったら命はないものと覚悟していた。けれどもね、敗走の途中で、味方の兵隊に殺されたらたまらない、とそれを恐れていた。なぜかって、僕は寝るといびきを高くかくらしい」

「なるほど、いびきのお蔭で敵に見つかって全滅した分隊の話を聞いたことがあります」

「だろう。だから、もしニューギニアに送られたらどうしようか、と。それが恐怖だった」

そのときは、清張さんの戦中の体験談としてぼんやりと聞いていましたが、後に短編になっていると知って、ほとほと感服しました。題はまさしく『いびき』。時代小説の短編です。いびきをかいて眠る牢内の仲間を、入牢者が集団で殺す小説でした。おぞましい人間悪がそのままに出ている小説でした。

アイデアの話でいえば、これも雑談の折りに聞いた忘れられない話がある。清張さん曰く。

「いまどきの女性は着物を自分では着られない。それなのに、成人式のときなんかに綺麗な着物をまとうのがお好きらしい。で、自分で着られないのも忘れて、闇雲にラブ・ホテルなんかに直行してしまう。さあ、あとが大変だ。帰ろうと思ってもどうにもならない。それで、和服の着付けのできる人が呼ばれて、それがいい稼ぎになるんだそうだね」

「小学校の同級生に、ホテルでの着付けをなりわいとしている女性がいまして、彼女も同じような〝いまどきの若い女性〟の話をしていましたな。大体がどこのホテルも、大ホテルも含めて、そういう人を常時雇っておくらしいですよ。じゃないと大騒動になる」と私。

「やっぱり嘘じゃないんだね。私の場合は、ある料理屋で聞いた話なんだけどね」

それが短編「式場の微笑」になったのは、それから間もなく。

『清張さんと司馬さん』

鵜飼の夜の清張さん

清張さんは決して美食家ではなかった。何でも平気な人で、食いものにとやかくいうものではない、という思想の持ち主であったのではないか。それと、清張さんは酒をほとんど嗜《たしな》みません。……

清張さんとは二度、取材で一緒に旅行をしています。『空《くう》の城』のアメリカ・カナダと、『西海道談綺』の北九州路です。

九州路での日田《ひた》の夜、三《み》隈川《くまがわ》での鵜飼《うかい》の宴は楽しかった。屋形船の上で美形の三味《しゃみ》の音も艶やかに、それに合わせて清張さんはすっくと立って、黒田節を舞って見せてくれました。これが嵌《は》まっていて、戦国武士を思わせる悠容たるもの。やんややんやの拍手に、恥じらいというか、可愛いというか、いい表情が浮かんでいました。清張さんは見かけによらないシャイな方なんです。「いやあ、洒落《しゃれ》てますねえ」「洒落てるだろう」と清張さんは嬉しそうでした。洒落てるというのが、実は、清張さんには最上のほめ言葉なんです。

『清張さんと司馬さん』

清張さんの『ゼロの焦点』を読むたびに

過去を完全に抹殺《まっさつ》したい、と願ったものの犯罪ということで『ゼロの焦点』が忘れられません。過去を断ち切るとは、過去につながる人間を断ち切ることを意味します。敗戦日本の町々にいたパンパン・ガール。世の中が落着くと大部分の女性は平穏な生活を取り戻したに違いない。しかし、と清張さんは言う。

「取り戻しながらも恥辱の日々のあったことをだれにも語れず、自分の胸中にひた隠しに隠して〝いつかだれかに知られるのではあるまいか〟と怯《おび》えながら生きているに違いない。こう思ったとき『ゼロの焦点』のアイデアが浮かんだ」

わたくしはこの作品を読むたびに、作家の伊藤整氏が言ったという「犯人は占領政策」という言葉を想起し、心から同感します。そして、清張さんが推理小説を書いたのは、戦後日本を描くための手段ではなかったか、といつも思うのです。ことによると、清張作品なくしては、いつの日にか戦後情況はまったく理解できなくなる、いいかえれば、日本の戦後は、その体臭は、清張さんの小説のなかだけにしか残っていないことになる、というわけです。

『清張さんと司馬さん』

清張さんとの最後の約束

もう大家なんですから、そろそろガツガツ書かずに泰然として、人生の教師のような悠々たる気分になられたらどうですか、などという要らざるわたくしのお節介に、清張さんは嚙んで吐きすてるように言いました。

「歳をとって、よく人間が枯れるなどといい、それが尊いようにいわれるが、私はそういう道はとらない。それは間違っているとさえ思う。あくまでも貪欲にして自由に、そして奔放に、この世をむさぼって生きていきたい。仕事をする以外に私の枯れようなんてないんだな」

こう言われては、深く頭を下げるより、凡俗の徒にはすることはありませんが、とにかく清張さんは最後まで小説を書く筆を投じようとはしなかった。八十歳を越えてなお執拗に書きつづけるのが執念なら、その量産も同じ執念と評するほかはないでしょう。しかも、文化勲章とか芸術院会員といった国からの栄誉とは無縁できているのです。勲章が人間や作品の値打ちを決めるものではないことは自明ですが、やっぱり奇怪《おか》しいとわたくしには思えてなりません。

平成四年（一九九二）四月二十日夜、清張さんは脳出血で倒れて入院しました。実は、その日の昼すぎ、つぎの作品のための論議やら取材の打合せやらで、お宅の応接間にわたくしは三時間近く居つづけていたのです。ＧＨＱ内部の確執と服部卓四郎機関、そして日本再軍備の内幕がつぎの作品のテーマでした。夕方から銀座で会合があるとのことでお暇《いとま》しましたが、「明日の午後三時にまた伺います」と約束しました。

いま九州小倉の記念館に移築されている書斎の、机の右上のほうにスケジュール表がかかっています。その二十一日三時のところに「文春」と清張さんの字で書かれています。まさに、わたくしとの約束の時刻であったのです。しかし、すべては虚しくなりました。そのまま病院からふたたび家に帰られることなく、八月四日、清張さんは家族全員にみとられて死去されました。

いま改めて清張さんのことを思い出してみると、しばしば頼まれて色紙に書くことのあるつぎの文句が、いちばんよく清張さんの心情をあらわしている言葉かと、何となく思えてなりません。

「わが道は行方も知れず霧の中」

『清張さんと司馬さん』

吉川英治の『宮本武蔵』に描かれたのは

2・26事件から日中戦争へ、戦時下という時代の影響をうけつつ、当時の日本人の〝出征〟という形で直面した骨肉の愛と別れ、死生超越の求道的な生き方、それらが『宮本武蔵』のなかに見事に合せ鏡となって描かれている。剣禅一如を求める武蔵の生き方、優しくけなげに耐えるお通の姿。戦場へ行く男子と、愛する人を奪われた日本女性の、象徴的な必死の姿でもあった。

『昭和史の家』

小泉信三先生の教え

世の人は問う、ボートを漕いで何のためになったかと。答えて曰く、練習、また練習、その結果、不可能を可能にするのは練習以外にないと知る。考えて見給え、世界史というものは、きわめて明快な史観で裁断すれば、不可能を可能にしたことの連続にすぎぬ。また曰く、正しく、いさぎよく、礼節をもって勝負を争う精神を腹の底にもつ。また曰く、一つのことを徹底してやる。自分の精神的肉体的限界に挑戦する強さをもつ。最後に曰く、生涯の友を得る。小泉信三氏のいう「わが信ずる友、われを信じてくれる友、何でも語れる友、何を語っても誤解しない友」をもちえて、人生は豊かな、光彩陸離たるものとなっている。

「以上の小泉信三先生の説が、ボートを漕いだ小生が得た最大の宝と思う」

と、ある日、わが母上に説いて聞かせたら、感服したような顔でいった。

「じゃ、娘のおムコさんはボートの選手以外にはないということね」

『隅田川の向う側』

第四章 大好きな漱石先生のこと

友を得た、文学に志した

正岡子規と夏目漱石が明治二十二年、ともに数え二十三歳、大学予備門（旧制一高）のときに知り合って、明治三十五年に子規が亡くなるまでつづいた友情物語はすこぶる感動的である。しかも仲がよくなるきっかけが寄席というのがほんとうに面白い。……最近、子規の日記『筆まかせ』を読んでいて、ヘェーと思う発見をした。漱石がよく知る同級生の米山保三郎が早くも明治十九年秋に登場し、滔々《とうとう》とまくしたてる彼の哲学論に子規は畏敬の念をいだいている。そもこの米山なる人は、建築家を志していた若き日の漱石に、「文学なら幾百年幾千年の後に伝えるべき大作もできる」と、文学への転向をすすめた傑物であった。つまり、米山を通して漱石と子規とはよく知る仲になっていた、と思う。二人が知り合う契機は、あに落語と講談のみならんや、というわけである。

『漱石・明治・日本の青春』

国家主義に背を向けて

漱石は若いときから、国民が忠君愛国といったスローガンに熱狂することに、はげしく拒否反応を示していた。明治二十二年（一八八九）、一高在学のとき、国家主義の学生結社の入会をすすめられた。漱石は敢然として学生大会で、堂々と、

「朝から晩まで国家国家とはいってはいられない」

と述べて、政治運動を拒否した。正岡子規はそれに共鳴した。そんな秘話もある。

『老骨の悠々閑々』

耄碌《もうろく》ということ

明治三十二年に一句、

・耄碌と名のつく老《お》いの頭巾《ずきん》かな

わたくしはこの漱石の句を読むたびに、だれに教わったのかどこで読んだかのか忘れ

たが、『左伝《さでん》』（史書『春秋』の注釈書）にあるという諺《ことわざ》を想いだしてしまう。「老いて将《まさ》に智《ち》ならんとして而《しか》も耄之《もうこれ》に及ぶ」――その意は、老いたために非常に智となった、物事がいろいろとわかるようになった、が、その年ごろになるとボケのほうがきてしまう、というのである。漱石の句はまさしくここを詠んでいる。三十二歳にしてこの哲理をさとった漱石はひたすら急ぎすぎたような気がしてならない。

『漱石先生大いに笑う』

死ぬか生きるかの決心で

明治三十九年十月二十六日付、鈴木三重吉あて。

「死ぬか生きるか、命のやりとりをする様な維新の志士の如き烈《はげ》しい精神で文学をやって見たい。それでないと何だか難をすてて易《やすき》につき、劇を厭うて閑に走る、いわゆる腰抜文学者のような気がしてならん」

この烈しき精神をもって小説家への道に進んだ漱石先生の文学が、百年後のいまになっても読まれている。そうと知って『吾輩は猫である』を読むとき、雨奇晴好な気分とはこんなときにいうのであろうといつも思う。

『漱石先生がやって来た』

石川啄木の借金

朝日新聞の校正係をしていた石川啄木は、年じゅう金に困って悲鳴をあげていた。見るに見かねて森田草平が仲立ちとなって、漱石からしばしば金を借りてきては、啄木に与えた。あんまり重なるので漱石にいいづらくなり、鏡子夫人からかなりの額を借りることとした。それが度重なったのに親分肌の夫人は嫌な顔ひとつせず、申し込まれるたびになにがしかの金をだした。

全部が全部、啄木の手に渡ったかどうかわからぬが、少なくとも貸した金はまったく返してもらわなかった。

『漱石先生、探偵ぞなもし』

根っからの相撲好き

贔屓力士がいて応援していて好きになったタイプの、長屋の八五郎的なファンではない。「相撲は芸術だよ」と、門下生の質問にたいし、明快に答えたほどの根っからの相撲好きである。いまなら横綱審議会委員にただちに推薦したくなってくる。要は年季が入っているのである。

雨天関係なしの両国国技館ができてからのにわかファンではなく、雨の日は興行中止の回向院の境内で野天相撲がおこなわれていた時代から漱石がわざわざ見物に出かけていったことは、国技館完成以前の、つまり明治四十二年以前の諸作品でも、はっきりうかがうことができる。……

漱石はその初期の作品において、びっくりするほどひんぱんに相撲を例に、あるいは相撲用語を説明の用に役立てている。それほど相撲にかんするかぎり〝通《つう》〟の域に達していた。

『漱石先生、探偵ぞなもし』

当て字を案出しまくった

八釜しいと書いてヤカマシイは『坊っちやん』二章にある。「下宿の五倍くらい八釜しい」とでてくる。八つの釜がいっぺんに煮えたぎる音は騒々しい、といった感じで案出された言葉とみる。

以下、漱石がどこかで使っている当て字を順不同であげてみる。馬穴（バケツ）、黄瓜（きゅうり）、地烈太い（じれったい）、焼気になる（躍起になる）、婆かす（化かす）、鈍栗目（団栗眼）、明海（明るみ）、糠る海（ぬかるみ）、寸断寸断（ずたずた）、狐鼠狐鼠（こそこそ）、涙が煮染む（涙がにじむ）、迷子つく（まごつく）、癇違い（勘違い）、蚊弱い（か弱い）、空ん胴（がらんどう）、功果（効果）、焼点（焦点）……。

こう楽しく気ままにやられては、「漱石先生よ、いくら何でもあんまりだ」と叱る気にもなれなくなってくる。というよりなんとなく理にかなっている感字のような気がして、ときどき使ってみたい誘惑にかられる。

『漱石俳句探偵帖』

ボートと漱石の落第

漱石が大学予備門に入ったのが、この明治十七年秋、十八歳のとき。当然のことながら、当時最高人気のスポーツであるボートを漕いだにちがいないと、以前から探偵眼をはたらかしていたが、これが図星で、『満韓ところどころ』のなかの十四章で、漱石はボートのことを書いている。

「余のごときは……試験のあるたんびに下落して、仕舞には土俵際から、あまり遠くない所で、やっと踏み応えていた。それでも、みんな得意であった。級の上にいるものを見て、なんだ点取りがと云って威張っていた位である。そうして、ややもすると、我々はポテンシャル・エナージーを養うんだと云って、無暗に牛肉を喰って、端艇《ボート》を漕いだ……」。

結果はサンタンたるものとなった。

「そのうち下算にも上算にもまるで勘定にはいらないものが、ぼつぼつ出来てきた。一人消え、二人消えるうちに橋本がいた。是公がいた。こういう自分もいた……」。

つまり牛肉をくらってボートばかり漕いで、「何ぞ憂えん席序下算の便」とかやっているうちに、つぎつぎに落第したというのである。

『続・漱石先生ぞな、もし』

なつかしき東京弁

江戸市井《しせい》の名主の家に生まれたから漱石は、そのお蔭もあって、江戸言葉というか東京弁を実にうまく小説のなかで駆使している。そもそもそれが、わたくしを漱石党にした最大の理由と申してよい。なかんずく『坊っちゃん』である。読んでいて東京弁にぶつかると、ゾクゾクするほどなつかしい。

「勘太郎をつらまえてやった」「兄はやに色が白くって」「やな女が声を揃えて御上がりなさいと云う」「是から汽車で二里許り行かなくっちゃいけないと聞いて」「見そくなわれた事は随分あるが」……

『漱石俳句探偵帖』

失意のとき、気持ちがゆれるとき

凡俗身としては簡単に失意のときに泰然というわけにはまいらぬ。そんな折に、わたくしは漱石先生とじっくりとつき合うのである。失意のときには『坊っちゃん』を読み、毀誉褒貶《きよほうへん》に気持ちがゆれたりすると『吾輩は猫である』をパラパラとめくる。きまって漱石は何ごとか語りかけてくれる。

『漱石先生　お久しぶりです』

寂しい人、悲しい音

『坊っちゃん』を読んで、決してキザでいうのではなく、これまでにもなんどか眼裏がにじんできて字がよう読めなくなった経験をしている。そしてその度に、漱石は寂しい人であったんだなと、しみじみとしてくる。

と、あっさり書いてしまうのは、ちょっと気の引けるところがある。どだい寂しいなどという感傷語は、軽々と使いたくはないが、漱石の場合には他の言葉が見つからない。そして、その作品を読んでいくと、どの作品からも、左様、『吾輩は猫である』の終章の、あの有名な科白が自然に浮かびでてくる。

「呑気と見える人々も、心の底を叩いて見ると、どこか悲しい音がする」

つまり、読めば読むほどに、より深い意味で、漱石という人はなんと孤寂な人であったことか、という印象しかもてないのである。

『漱石俳句探偵帖』

門下生の原稿を読み終えて

新入りの門下生のもってきた原稿に丁寧に目を通し、読み終わって漱石は庭に視線を送った。硝子戸がひらかれていて、庭には格好のいい芭蕉のそばに赤い色の春の花が咲いているのが、門下生の眼にもあざやかに映じた。漱石が静かに口をひらいた。

「そこいらに咲いている花は、根があって、幹が出ていて、その枝に咲いているのでしょう。あの花だけ書いたってダメです。根をしっかりととらえなければダメです。花だけ書こうとするなら、ずっと飛び離れた、それこそ、縹渺《ひょうびょう》とした天界に人をおびきよせるようなものでなければなりません」

こんな風に、漱石山房にひろう〝ちょっといい話〟は無尽蔵である。そして誰もが活字にして残している漱石像は、良識に富んだ、穏やかな、円熟した紳士ということで一致する。

『漱石先生　お久しぶりです』

「漱石山房」での会話

漱石はよく若い弟子たちと議論した。しかも大まじめでやった。あるときある男が、「そんなことでは、全くタガがゆるんだ、としかいいようがありません」というと、漱石は大笑した。

「バカをいえ。おれはもともとタガなどはめているもんか」

何か意見をいうと、漱石がいつも反対するので、森田草平が「先生の反対は、反対せんがための反対だ」と文句をつけた。漱石は笑って「君のようにビールをのめば必ず小便がでるものだと思っているようでは、ダメなんだ、とおれはいっているのさ」といった。

つまり常識論じゃダメだ、ということである。

西園寺公望首相の文士招待をすげなく断ったときの話を、あるとき門下生が持ちだした。漱石はきわめて迷惑そうな顔をして、容易に口をひらこうとはしなかった。そして、門下生のひとりが「先生は権門富貴に近づくことをいさぎよしとしないんだ」といったとき、はじめて漱石は語りだした。

「相手が金持であるとか権力者であるとか、そういうことだけでそれに近づくのを回避するのは、まだこちらに邪心のある証拠である。ためにする気持ちが全然なければ、相手が金持であろうと貧乏人であろうと、相手の肩書がなんであろうと、少しも変りない。つき合いたければつき合う。会いたくなければ会わないまでだ。それを執着して悩んだり苦しんだりするのがいけないことなんだ」

『鼻』をほめた書簡

一九八七年五月から六月にかけて新宿伊勢丹で催された「夏目漱石展」は出品点数千百四十点、なかでも漱石自身の遺品が百十六点、まことに壮観であった。……

有名な芥川龍之介あての『鼻』をほめた書簡が改めて印象に残った。

「ああいうものをこれから二、三十並べて御覧なさい。文壇で類のない作家になれます。然し『鼻』だけでは恐らく多数の人の眼に触れないでしょう。触れてもみんなが黙過するでしょう。そんな事に頓着しないでずんずん御進みなさい。群集は眼中に置かない方が身体の薬です」

こんな有難い手紙を貰ったらどんなにか感激することかと、芥川の喜びようがそのままに察せられるような文面。……

最晩年の漱石先生が芥川や久米や松岡などの若き俊秀たちにいかに暖かい心遣りをも

ったかは、かれらが書いた想い出の記などではっきりわかる。つくづく羨ましいことよと思わせられる。

『漱石先生ぞな、もし』

〝ごまかし〟や〝なしくずし〟を見逃せば

夏目漱石が『吾輩は猫である』八章でこんなことを書いています。

「凡《すべ》ての大事件の前には必ず小事件が起るものだ。大事件のみを述べて、小事件を逸するのは古来から歴史家の常に陥《おちい》る弊竇《へいとう》である」

弊竇とは弊害となる穴、弊害そのものというくらいの意味でしょう。そういわれてみれば、たしかに戦争はある日突然、天から降ってくるものではありません。長い間にはさまざまな事件や小規模の紛争があり、政治・軍事の指導者たちのそれらにたいする〝ごまかし〟や〝なしくずし〟があって、危機が徐々に拡大していき、時代の空気はもういつどこでなにがあってもおかしくはない状況下にあった。にもかかわらず、民草は

「まだ大丈夫だろう」と楽観していたのです。

『十二月八日と八月十五日』

「亡びるね」

すでに何度も書いたことで恐縮ながら、『三四郎』(明治四十一年十月脱稿)の冒頭に東海道線の車中の、あまりにも有名な場面がある。東大入学のため熊本からやってきた三四郎の筋向かい髭の男が坐っている。その男が卒然として言うのである。

「御互は憐れだなあ。……いくら日露戦争に勝って、一等国になっても駄目ですね。……あなたは東京が始めてなら、まだ富士山を見た事がないでしょう。……あれが日本一の名物だ。あれより外に自慢するものは何もない。ところがその富士山は天然自然に昔からあったものなんだから仕方がない。我々が拵《こしら》えたものじゃない」

三四郎はびっくりして、どうもこの人は日本人じゃないようだと思いながら弁護する。

「しかし是からは日本も段々発展するでしょう」

が、男はすましたもので、

「『亡びるね』と云った」

この部分を読むたびに、私はいつも神妙になる。この男の言葉のように、冠たる大日本帝国はそれからわずか三十七年後に亡びたのである。世界中の国々を敵として戦い、国土をすべて瓦礫《がれき》とし、二百六十万人以上の犠牲者をだして、維新いらい営々として建設してきた帝国はなくなったのである。


『漱石先生　お久しぶりです』

筋金入りの戦争嫌い

漱石という人はものすごく戦争が嫌いです。子規さんとはその点が合わないんです。正岡子規は従軍記者として戦争を見に行っているくらいです。鷗外さんに冷淡なのも軍人だからかも知れませんな。

漱石最晩年の『点頭録』という随筆がありますが、戦争に対する憎悪が書いてあります。軍国主義は何も生まないという調子で、日本は間もなく軍国主義国家になると予見しています。

『漱石先生がやって来た』(嵐山光三郎氏との対談で)

『点頭録』の戦争批判

わたくしは正直にいってこの『点頭録』を読み進めていって目を見張った。そこにあるのは痛烈な第一次世界大戦批判なのである。はげしい戦争批判、軍国主義批判なのである。ことによったら漱石文学の本質の一部である文明批評の作家魂を、それは修善寺の大患までの作品の根底にあったこの国の明日への憂慮を、漱石はよみがえらせたのではなかろうか。しかし、残念ながら左の肩から腕にかけてはげしい痛みがでてきて連載九回までで原稿をこれ以上書きつづけることができなくなった。

「とにかく戦争が手段である以上、人間の目的でない以上、それに成効の実力を付与する軍国主義なるものも亦《また》決して活力評価表の上に於て、決して上位を占《し》むべきものでない事は明かである」

「個人の場合でも唯喧嘩に強いのは自慢にならない。徒《いたず》らに他《ひと》を傷《あや》める丈である。国と国とも同じ事で、単に勝つ見込があるからと云って、妄《みだ》りに干戈《かんか》を動かされては近所が迷惑する丈である。文明を破壊する以外に何の効果もない」

この反戦的主張は目を見張るほどはげしいの一語につきる。

漱石がふたたび消極的であった自分をふり捨てて、積極的に奮闘努力すると決意した、と思うと、『点頭録』の中途打切りは返す返す残念でならない。せっかく大患以後ずっと見ることのできなかった大勇猛心をふるい立たせたのに……。


『漱石先生、探偵ぞなもし』

親しくつき合うということは

宗教心に薄いわたくしにとって、漱石と親しくつき合うとはこの漱石の真摯《しんし》な求道の志にふれ、われとわが凡俗の心を清めるということと同じなのである。われもまた事に於て無心の貴人たらんと求法の切瑳《せつさ》につとめることといってもいい。といって、漱石の作品は七面倒くさい教本というわけではなく、ほぼどれもこれも楽しんで読める。おのれの知識をひけらかすに似たような、要らざる説教に頭を痛めることもない。

『漱石先生　お久しぶりです』

夏目家の福猫

『吾輩は猫である』の名無しの猫は、なかなかの豪のものであったという。明治三十七年夏に千駄木町の家にふらふら舞いこんできていらい、明治四十一年九月十三日に死ぬまで、半ば虐待されながらもとにかく大事に飼われていた。こんな矛盾したことをいうのも、「こやつのお蔭で」文名が大いに揚った福猫として、いっぽうでは家族にみとめられていたからである。

義母の筆子に、ほんとうに名は無かったのですか、とずっと以前にただしたことがあった。

「ありませんでしたよ。名前なんぞだれも必要じゃなかったんでござんしょ」と、答えはすこぶるつれないものであった。それでもちょっと考えたのちに、至極あっさりといった。

「そういえば、〝猫、猫〟って、呼んでましたわね」

その小説のとおり「名前はまだ無い」状態のまま、名無しの猫は漱石一家の〝非人情〟に耐えつづけたようなのである。

『漱石俳句探偵帖』

猫が死ぬ前に

義父松岡譲から聞いた話によると、家のものはともかく、漱石自身は病気の猫を放ったらかしにしていたわけではないそうな。死の前日、いかにも訴え怨ずるがごとくに、主人の顔をしげしげと眺めながら、猫は哀れにも不気味な声で、たった一声ニャンと鳴いて寄り添ってきた。漱石はいとおしくなってひょいと抱きあげた。

「それはもう骨も肉もなく、まるで泡のようにふかふかに軽かったそうなんで……。漱石先生はそう言っていたよ。その不気味さに思わず手を放すと、猫クンはそれきり背を向けて立ち去ったそうな。そして翌朝、冷たい死骸となって物置に横たわっていたんだと……」

遺骸は屋敷の東北隅、桜の木の下に埋められて、目印に沢庵石ほどの石が置かれた。

『漱石先生　お久しぶりです』

たった十七文字のなかに

夏目漱石のいい句がある。

・凩《こがらし》や海に夕日を吹き落す

これにならんで、芥川龍之介の有名な一句がある。

・木枯や目刺にのこる海のいろ

が、わたくしがいちばん好きなのは、

・海に出て木枯帰るところなし

という山口誓子の昭和十九年の作。

この句は、いまは神風特別攻撃隊の悲惨を詠んだものと明らかになっている。発表当時はだれもそうと気づかなかった。たった十七文字のなかに、なんと深い人の心を詠むことができるのか。俳句のすごいところである。

『歴史のくずかご』

最も好きな一句

漱石が生涯につくった俳句は二千五百句に及ぶ。うち汝が最高の作と思われる、ないしは最も好みとする句をひとつだけあげよ、という難問を押しつけられたらこの句を選ぶ。漱石でなければだせないユーモアがあり皮肉があって、まことに楽しい。秋風やとおごそかにでて、これを牛の尻と転ずるあたり、漱石のいう「アイディアとレトリック」による俳諧の真骨頂あり。屠所にひかれるような諦めと寂寞とが淡くただよっているのもいい。

秋風や屠《ほふ》られに行く牛の尻

「雀、蛤《はまぐり》となる」の句

蛤とならざるをいたみ菊の露

出典が何か知らないと、意味のわからない句といえる。『礼記《らいき》』に「季秋の月、……雀大水に入りて蛤となる」。大蛤のことを蜃《しん》という。その蜃が「よく気を吐きて楼台をつくる」、楼台とはつまり蜃気楼である。市街のような形が海上にまぼろしのごとくあらわれる、それは蛤がつくったもの、というのだから豪気である。『国語』にも「雀海に入って蛤となる」とある。

どうしてそんな奇妙奇天烈なことが、中国の古典に書かれているのか。それを知識豊かな明治の文人たちは愉快に思ったのである。

「蛤になりそこねてや稲雀」とは正岡子規の句。

漱石先生は、道ばたの草むらでみつけた雀の死骸を白菊の下に葬ってやった、そしてこの句をつくった。その心のやさしさ、温かさにふれえたようないい句である。

『漱石先生、探偵ぞなもし』

漱石の「月と門と叩く」の句

梅の詩を得たりと叩く月の門

中国は唐の時代に、賈島《かとう》という詩人がいた。あるとき「鳥は宿す池辺の樹　僧は推す月下の門」という句を考えだしたが、「僧は推す」は「僧は敲《たた》く」としたほうがよいように思えてならなかった。

推すか敲くかで、悩みに悩んでいたら、先輩の韓愈という大詩人に出会った。韓愈はにっこり笑うと、「それはもう敲くのほうがはるかによい」とあっさり判定を下した。詩文の字句をなんどもねり直すことを、推敲という。これはこの故事にもとづいている。……なんていうのはいろいろな書にすでに紹介されている。先刻ご存じであろう。この話から芭蕉は「三井寺の門叩かばやけふの月」を詠み、蕪村にも「寒月や門をたたけば沓《くつ》の音」の句がある。いずれも本歌どりの佳句である。

そしてわが漱石先生にも、月と門と叩くのこの一句がある。しかもわが先生のはその上に梅までたして賑やかにやっている。欲深いことである。

『漱石先生、探偵ぞなもし』

一茶の呻き、漱石の悲嘆

田辺聖子氏の快作『ひねくれ一茶』(講談社)を読んでいたら、一茶が五十七歳のとき、長女さとを亡くした場面でふと立止まってしまった。

「お菊が号泣する。『おさと、おさと』お菊の腕の中で、二つの子は小さいしゃっくりのような音をかすかにたてててこときれた。瞳はうすく開いたままだった。

〈露の世は露の世ながらさりながら〉」

そうだ、この句は『三愚集』のなかに漱石が選びだしていた句であった、と気がついたからである。二つも重ねた繰返しの言いまわしが、子を亡くした一茶の呻《うめ》きともとれ、それはまた漱石先生の悲嘆の呻きでもあったかもしれない。というのは――。『三愚集』刊行の前年の明治四十四年十一月二十九日に、漱石は突然五女雛子《ひなこ》の急死という不幸に見舞われた。修善寺大患のあとで心身ともに疲れはてていたときだけに、この急死は、ずっしりとこたえた。日記・断片や書簡でその悲しい現実にふれ、自分の胃にひびが入ったとともに、精神にもひびが入ったようだと書いている。

『続・漱石先生ぞな、もし』

余裕派と呼ばれたころ

夏目漱石が余裕派と呼ばれたころ、新聞記者から「余裕派とはどういうことですか」と聞かれて、こう答えています。たとえばストーリーがAからB、BからCへと流れていくのは余裕ではない。移り変わってはいくんだけれども、最初のAが消えるんじゃなくて、そこにまだAの雰囲気が残っているのがいいんだ、と。
もちろんこれは小説の話ですが、これはまるで連句のことじゃないか、と面白く思いました。漱石は相当に連句が好きな人だったんじゃないでしょうか。

『日本史が楽しい』(井本農一氏・東明雅氏との鼎談で)

漢文脈の伝統を生かして

『草枕』は、よく俳句をそのままひきのばしたような小説であるといわれる。なるほど篇中の諸処ほうぼうに俳句がでてくる。その伝でいえば、その一面では漢詩をひきのばしたような作品、といいかえてもいい。というよりも、『吾輩は猫である』や『倫敦塔』にはじまって『草枕』『虞美人草』とつづくあたり、漱石の初期の小説の文体は、誤解を恐れずにいえば、漢文脈の伝統を生かしたものと断じても、およそかまわない。一文一文ががっちりときまる。運びが区切れる。ちょっと窮屈な感じさえする。決して停滞しているわけではないけれど、文末に助動詞などをおかないから、のびやかに流れる文体ではない。それに、漢字のもつ日本人の心象に訴える簡潔な力をあざやかに使っている。

『「漢詩」の心』

「夫婦喧嘩必勝法」

賢明なる漱石先生が語った「夫婦喧嘩必勝法」というのがある。中村武羅夫が当人から直接聞いたものとして報告している。まず漱石先生は大いに笑いながらいう。

「夫婦喧嘩というものは、やらないわけにはいかないものだよ。なにしろ女というヤツは愚劣な動物で、ロジックが通じないんだからね」

であるから理窟ではダメ。殴ったってダメ。痛いぐらい屁とも思わぬし、身にしみるほど殴るには、非力の男じゃ息がつづかない。そこで秘訣は、植木鉢でもいい、皿小鉢でもいい、あまり高価でない瀬戸物を叩きつけてぶっこわすにかぎる。瀬戸物は大袈裟な音を立ててみじんに砕ける。こっちの癇癪はすっと晴れるし、女は欲だけは深いから音だけの効果に怯えて、これじゃ世帯がたまらぬとたちまちに閉口する。

「夫婦喧嘩は、安物の瀬戸物を打ちこわすに限るよ」

と教えて、漱石はいかにも会心な微笑を、唇の隅のあたりに縹渺として漂わせた。


『漱石先生ぞな、もし』

『草枕』が俳句的小説というわけ

〈しばらくは路が平で、右は雑木山、左は菜の花の見つづけである。足の下に時々蒲公英《たんぽぽ》を踏みつける〉

そして、気の毒なことをしたと思って振り向くと、〈黄色な珠は依然として鋸のなかに鎮座している。呑気《のんき》なものだ〉と漱石はつづけて書く。きっとこのとき、

犬去つてむつくと起る蒲公英が

という句を詠んだときの、自分の呑気な気分を想いだしたに違いない、とわたくしは推理するのである。フムフム、そうだ、蒲公英を踏みつけてしまった、と思ったことが

あったなと。

有名な陶淵明の、「菊を採る東籬《とうり》の下、悠然として南山を見る」の詩を引いて、〈垣の向うに隣りの娘が覗《のぞ》いてる訳でもなければ、南山に親友が奉職している次第でもない〉と洒落をとばしているところでは、

鶯や隣の娘何故のぞく

と十年前につくった駄句を漱石先生は苦笑しつつ読み返していたことであろう。

画工は蒲団のなかで眠くなる。入口の唐紙があいて、白い腕がちらりとみえる。まぼろしの女の影がかすめる。また、ひとりでに唐紙がしまる。

〈余が眠りは次第に濃《こま》やかになる。人に死して、まだ牛にも馬にも生れ変らない途中はこんなであろう〉

という画工のふわふわした夢の中のような描写には、

人に死し鶴に生れて冴返る

この漱石の佳句を、ちょっとくわしい人はたちまちに想起することであろう。

『漱石先生、探偵ぞなもし』

老子と漱石先生

「愚」に徹することが人の最高のあり方という考えも、老子の思想の根本にある。「無為自然」そして「愚」という教えこそが、漱石の理想の生き方であることは、すでに何度も書いている。そこで老子のでてくる漱石句からいくつかを。

　ものいはぬ案山子《かかし》に鳥の近寄らず

明治三十一年の作。この句には、「知者不言、言者不知」の前書きがある。出所は『老子』である。知るものは言わず、言うものは知らず、と読む。えらそうに言挙げするものへの皮肉がたっぷりこめられている。漱石はまたこうもいっている。「余慶な不慥《ふたしか》の事を喋々する程、見苦しき事なし、況《いわ》んや毒舌をや、何事も控え目にせよ、奥床しくせよ」（「愚見数則」）

　其愚には及ぶべからず木瓜《ぼけ》の花

明治三十二年の作。愚といい拙といい、老子がしきりにいう言葉である。「大巧は拙のごとし」（四十五章）とか、「われ愚人の心なるかな、沌沌《とんとん》たり」（二十章）とか。漱石もまた節を曲げない愚直な生き方を、生涯の心の拠りどころとしていた。

老耼《たん》のうとき耳ほる火燵《こたつ》かな

明治三十二年の作。老子その人のことを詠んでいる。

『漱石先生、探偵ぞなもし』

晩年の小説に透けて見えるもの

わたくしは漱石の晩年の小説をあまり好まない。好まないが大事であるとは思っている。そこでは、人間のうちのエゴイズム、偽善、卑怯、虚偽がえぐりだされ書きつくされている。読むことはあまり楽しくなく、ほとんど息苦しいほどである。読むほうがそうであるから、書くほうはもっとしんどかったにちがいない。西洋文明に眩惑されやみくもに摂取することに狂奔する日本人。物質的進歩を第一義とする日本の近代のなかの、人間の心の問題を、日本と西洋との出会いを通して自分の問題としてとらえ、自分の生き方と重ね合わせて考えた人、それが晩年の作家漱石であった。

そんな漱石に、こんな手紙がある。

「私は私相応に自分にある丈の方針と心掛で道を修める積です。気がついて見ると、すべて至らぬ事ばかりです。行住坐臥《ぎようじゆうざが》ともに虚偽に充ち充ちてゐます。恥づかしい事です」

『「漢詩」の心』

一生は終《つい》に夢よりも

大正五年（一九一六）一月に書かれた『点頭録』で漱石はいう、「過去が丸で夢のように見える」と。これを哲学的な言葉でいうと「過去は一の仮象にすぎ」ず、夢ならぬ夢であり、「一生は終に夢よりも不確実なもの」と感じられる、と。が、同時に、現実は「我が天地を蔽《おお》いつくして儼存《げんそん》している」のである。自分でしっかりとこの現実を認識しつつ「たえず過去へ繰越している」それが動かしがたい真実なのである。

つまり漱石にとって生きることは夢にしてまた現実という「一体二様」のものなのである。この見解を抱いて、「大正五年の潮流に任せる覚悟」で、「余命のあらん限り」

「自己の天分の有り丈をつくそうと思う」、そう漱石はいっている。

『漱石俳句探偵帖』

泣かせる科白《せりふ》

もっともよく読まれている長編『こころ』の「先生」がこんなことを「私」にいう。
「私は淋しい人間ですが、ことによると貴方も淋しい人間じゃないですか」
これを読ませる、いや、泣かせる科白というのではあるまいか。大抵の読者はここを読みながら、漱石先生に「貴方も淋しい人なんじゃないですか」と、直接に語りかけられたような気持になってしまう。そしてわれとわが心を没入させていく。ほとんどの現代人は自分を疎外された淋しい人間と思っているからでもある。その意味からも『こころ』は多くの人に好まれる作品であることがわかる。

『漱石俳句探偵帖』

エゴイズムの深淵

『こころ』が私たちに訴えかけてくるもう一つの大事な問題についても、簡単にふれておこうか。それは互いの利害関係が複雑に混じり合った現代社会に生きているわたくしたちは、被害者でもあり、加害者でもあるという寂しい事実なんである。平凡な日常生活がまわりにくり返されているが、現代人は日々激しい生存競争に骨身を削っている。その間に、肉親や友人たちや周囲の人にどのくらい傷つけられ、深い傷を心のうちに受けていることか。が、実は自分自身もまた、意識あるいは無意識なうちに、どれほど近くにいるものに致命的な傷を与えていることか。それこそが人間存在にともなう不条理、原罪ともいえるものなのである。漱石はそうした人間のエゴイズムの深淵を『こころ』のなかに描き出した。それは日本文学で漱石以前にはだれものぞいたことのない深淵であった。

ベスト・ワンを問われれば

かつてわたくしは夏目漱石の作品で「ベスト・ワンは何か」とある新聞に問われ、「書翰《しよかん》集にトドメをサス」と答えたことがある。いまもその言葉を変えようとは思っていない。その部分を引用する。

「芥川龍之介が永井荷風を語って『西遊日記抄にトドメをサス』としたのにならって、佐藤春夫は『漱石先生ではその書翰集にトドメをサス』と評した。その口ぶりをそっくりまねて、わたくしも書翰集にトドメをサス。

書簡には漱石先生の人柄がにじみ出ている」

『手紙のなかの日本人』

書簡の、これが最高

大学こそが偉いところぞや、教授の道を捨て物書きになるとは、なんて馬鹿なことをしたのかとの、多くの人の反対や疑問視にたいして、「百年の後、百の博士は土と化し、千の教授も泥と変ずべし。余はわが文をもって百代の後に伝えんと欲するの野心家なり」と知人に語って、漱石は不動の決意を示し悠然としていたという。

こんな風に漱石その人を知る上での絶好の資料といえる書簡のなかの、これが最高といえそうなものとなると、ハタと思い悩む。どれもいい。入門してまだ一年足らずの若い門下生の、芥川龍之介と久米正雄の二人にあて、死の直前の「牛になれ」とさとす手紙なんか、絶品としてすでに多くの書に引用され、あまりにも有名である。

……世の中は根気の前に頭を下げる事を知つてゐますが、火花の前には一瞬の記憶しか与へて呉れません。うん〱死ぬ迄押すのです。それだけです。決して相手を拵《こし》らえてそれを押しちやいけません。相手はいくらでも後から後からと出て来ます。さうして吾々を悩ませます。牛は超然として押して行くのです。何を押すかと聞くなら申します。人間を押すのです。文士を押すのではありません。

こんな有難い手紙をもらったら、有頂天になってわたくしなんかはきっと、神棚にあげて三拝九拝したにちがいない。芥川と久米がどうしたか、それは知らない。わかっているのは、芥川は「牛」にならず「火花」になることを望んだということだけである。
そして久米は人間を押さず文士を押した……。

『手紙のなかの日本人』

漱石も荷風も

漱石と荷風という、まったく素質の違うようにみえる二人が、同じ明治時代観をもっているのがよくわかる。ヨーロッパ文化や文明にたいして、日本帝国がしているこれらやみくもの受容にたいしては、はっきりと否定し、きびしく拒否し、西洋文明人ぶることを嫌い、むしろ日本（または東洋）の伝統文化への回帰を訴える。ほとんど同類項でくくれそうである。

しかも、ともに江戸ッ子。その時代へのこだわり方や反撥の仕方に、どちらも淡白でないものをもっている。権勢富貴にたいする敵視と嫌悪感、徒党を厭い、自分の好みを貫こうとする。激しくねばり強く、二人ともどうやってもいい加減な世界に入れないでいる。あえて違いをいえば、漱石には怒りとともに悲しみがあるのに、荷風には侮蔑があるだけ。荷風には、漱石のように、にがい苦笑でまぎらわすような、やさしさはなかった。世から孤立しようとも微塵もたじろがぬ強さが荷風にはあったが、漱石は常に自分のうちに向けられたぎりぎりの懐疑からついに脱することはできなかった。

『荷風さんの昭和』

漱石と荷風が愛したクチナシ

夏の花の代表は、くちなしだろうか。種名をジャスミノイドというように、ジャスミンに似た豊満な匂いは、日の照るときがよい。この名から思い出されるのは夏目漱石の漱石山房用箋である。橋本五葉の図案になるクチナシ染めの木版摺であった。そういえば、永井荷風も木版手摺のクチナシ染めの渋い原稿用紙を使っていた。文字が匂い立つようであったのを覚えている。

『世界はまわり舞台』

第五章 近ごろ思うこと、憂うこと

いいたい一つのこと

何もかもあっけらかんと西日中　　久保田万太郎

終戦を詠んだいい句である。

八月を迎えると、どうしても、何度でも一つのことがいいたくなる。ほかにいうことはないのか、と叱られようがやむを得ない。

あれから七十年がたとうとしている。あの日のカンと晴れ上がった空、したたり落ちる汗、蕭条《しょうじょう》たる焼け跡。目を覆いたくなる惨劇、精神の底が抜けたような茫然を知る人は、いまは毎日少なくなりつつある。過去はむなしく葬られてしまうだけなのか。

そんなであるから、「八月は遠い敗戦を想う日である」と、ある深い感慨を持って語っても、いまはキョトンとした顔だけがならぶときとなっている。

「戦陣ニ死シ職域ニ殉シ非命に斃《タオ》レタル者及其ノ遺族ニ想ヒヲ致セハ五内為ニ裂ク」

何度でも書くが、毎年八月には、終戦の詔書のなかのこの文言を、ぶつぶつと経文のように唱えて起きるのを毎朝のしきたりとしている。

八月六日のヒロシマ、九日のナガサキ、満洲、十五日の天皇放送と惨めであった八月の日々。自身の危うく死なんとした東京大空襲の三月十日夜。永遠に忘れることはできない。と未来だけが大事といった顔の若ものにいったところで、わが胸の底にあるものへの理解を得ることはできない。

老骨は消え去るのみか。

さりとて、どんなに「じいさん、そんな昔ばなし、いいかげんにしろよ」と若ものにいわれようとも、語りつづけなければならないと思う。これが悲惨な戦争を体験したものの義務ならん。

日本よ、いつまでも平和で穏やかであれ。

いいたいのは、このことのみである。


『「昭和史」を歩きながら考える』

鈴木貫太郎の政治力

鈴木首相（編註・終戦時の首相）の政治力については、作家の志賀直哉がエッセイ「鈴木貫太郎」でうまい評言を記している。

「かういふ非常な時代には政治の技術など、たいして物の役には立たないのではないか。それ以上のもので乗切るより道がないやうな状態に日本はなつてゐたと思ふ。……鈴木さんは他には真意を秘して、結局、終戦といふ港にこのボロ〳〵船を漕ぎつけた。吾々は今にも沈みさうなボロ〳〵船に乗つてゐたのだ。軍はそれで沖へ乗出せといふ。鈴木さんは舳《へさき》だけを沖に向けて置き、不意に終戦といふ港に船を入れて了つた」と。

たしかに国民的熱狂というクレージーになっていたあの時代に、並の政治的手腕なんか役に立たなかった。政治性という点だけからみれば、もっと人材はいたことであろう。岡田啓介、近衛文麿、若槻礼次郎、木戸幸一。その人びとも鈴木さんにはとても及ばなかった。むしろ政治性ゼロ。しかし、その政治性ゼロの政治力を発揮できた源は何か、といえば、無私無我ということにつきる。〝私〟がないから事の軽重本末を見誤ることがなかったし、いまからでは想像もつかぬ狂気の時代に、たえず醒めた態度で悠々としていられたのである。

『日本のいちばん長い日』

すごい時代を生きてきた

いま思うのは、わたくしたちは何とものすごい時代を生きてきたものか、そしてまた、歴史上の一点における情報と智恵とは情ないほど限られたものなんだな、ということである。佐伯彰一氏もいっていた。歴史にかかわる「後智恵」というものはいっさい信用する気になれない、と。わたくしも同感である。それにしても戦後五十年、精一杯がんばってきたつもりなのに、なんと情ない国をつくったものか。なぜ今日の日本人は素朴な国土愛とともに、自分の考え感じたところで生活を貫こうとする気風を失ってしまったのであろうか。

『昭和史が面白い』

日本人の、良識の綾を織るために

近代日本史がこの何十年間、学校で満足に教えられていないということは、歴史家の怠慢であった。最近の大学生と話すとき、その事実を知らされてびっくりする。それに目をつぶってきたわたくしたちもいけないのだろうが、日本、そして世界についてタテのことを何も知らぬ「歴史なき国民」に、ヨコの国際化をいかに説いても、良識の綾はうまく織れないのではないか。

『昭和・戦争・失敗の本質』

「積極的平和主義」の真の意味

いつの時代であっても、国の外に敵を想定し、危機感を煽り、挙国一致、精神総動員で国民を愛国化すれば、内なる憂いはすべて解消すると、お偉い人たちは考えるものらしい。いまの日本の、できるかぎりアメリカの「世界戦略」に協力すべきだという「積極的平和主義」なんか、その最たるものといえる。排他主義を正面に押したて、味方は「ここからここまで」ときちんと区分けすることを愛国の本質とする、そんな排他的同調主義の時代の到来はほんとうに恐ろしいと思うが……。

『B面昭和史』

〝危機〟がしきりに叫ばれて

〝危機〟がいましきりに叫ばれている。もしかしたら起こるかもしれない事態について、歴史に学んできちんと予測し、冷静で明晰な思考をもって対処の道筋をみつける。そうすることで危機というものの正体がわかる。そういうものだとわたくしは思っている。そしてまた、歴史とは人間がつくるものであるから、危機にさいして人間はどんなことを考え、どんな風に行動するものか、歴史に学ぶことができる。歴史認識をきちんとしないことには、危機というよりは危険な感じだけで誤った判断をこれからもしてしまうことになる。

書くまでもなく、正しい歴史認識に必要なのは、歴史的リアリズムである。しっかりと過去を見つめながら、注意深く未来に歩を進めること、そうした冷静なリアリズムこそ、いまの日本人に切実に求められていることなのである。……国際的視野を失い孤立主義に陥ったまま戦争に突入し、まさに国家壊滅たらんとする寸前に方向感覚をとり戻し、やっとの思いで戦争を終結させた七十年前の歴史には学ぶべき多くの教訓がある。それを是非とも自分のものにしてほしいと思う。とくに若い人びとに。

『「昭和天皇実録」にみる開戦と終戦』

陰謀史観と祖国の危機

じつを言うと日本国民のなかにもまた、困ったことに戦争製造業者みたいな挑発的な発言をするヤツらが少なからずいたんですねえ。……

陰謀史観を必ず口にします。それからもうひとつ、祖国の危機である。このふたつを持ち出すわけです。今もそういう輩はおりますすねえ（笑）。

『昭和史裁判』（加藤陽子氏との対談で）

時代が転換するとき

それにつけても、時の流れの力というものの、恐ろしさをあらためて痛感する。すべてをただ押し流してしまう。あに人の生命ばかりではない。……たいして長いとはいえない間に、なんと日本も日本人も大きく変容をとげたことか。戦争体験者が寥々《りょうりょう》たるものとなって、あからさまに「憲法改正」や「戦争のできる国」を唱える勇ましい論が、まるで唯一の正しい国策のごとく巷に満ちだしている。

戦前の日本が軍国主義化していくのに、たいして年数を要しなかった。わたくしは昭和八年から十一年までの四年間で日本は猛々《たけだけ》しい国になったと考えている。しかも生きることに一所懸命になっていて、国民がそうと意識しないままに、アレヨアレヨで剣呑《けんのん》な国となった。時代が転換するときはそういうものなのかもしれない。

『私の「昭和の戦争」』

では、仮想敵国はどこなのか

北朝鮮は海軍がないに等しいので、とても攻めて来られない。だからミサイル防衛システムを完備することが大事で、仮想敵国とはいかないでしょう。では中国はどうかといえば、両国は経済的な結びつきが強く戦争のメリットなどありません。公正に見るところ日本の仮想敵国はないということでしょう。

『わたしの〈平和と戦争〉』

守れない、というリアリズム

こんな狭い国土で、しかも国境線がやたら長い国土で、真ん中に大山脈が走っていて、平野部は海岸線にしかなく、そこに原子炉が50以上もある。守るにこんなに守りづらい国はない。いや、守ることなんてできない。それが現実なんですよ。それこそリアリズムというものなんです。

『世界史としての日本史』（出口治明氏との対談で）

原発をどんどんおっ建てたせいで

戦争に負けてからこっち、何十年ものあいだにこの長い海岸線に沿って原発をどんどんおっ建てた。……
そのうちのどこかに一発か二発攻撃されるだけで放射能でおしまいなんです、この国は。いまだって武力による国防なんてどだい無理なんです。

『腰ぬけ愛国談義』（宮崎駿氏との対談で）

「集団的自衛権」とは要するに

集団的自衛権なんて、「自衛」という言葉が入るから皆が錯覚していますが、あれは自衛でもなんでもありません。内田樹《たつる》さんの言葉を借りれば、集団的自衛権とは、「他人のケンカを買って出る権利」なんですよ。

他人とは誰かと言えば、もちろんアメリカのことです。アメリカの国益のために、日本人がケンカを買って出て、人を殺したり殺されたりする必要はまったくない。

それこそ、戦後七〇年近くで築いてきた国際的信頼という最大の国益を失うわけです。


『日中韓を振り回すナショナリズムの正体』（保阪正康氏との対談で）

政治と戦争は

対立物のように見えますが、政治の延長に戦争があるだけで、戦争も政治なんですよね。だから、政治がしっかりしなければ、平和は保てない。

戦争は、天から降ってくるものでも何でもなく、ちゃんと外交的段階、政治的段階を踏んでやってくる。


『世界史としての日本史』（出口治明氏との対談で）

官僚はいま

戦前の日本は「天皇の軍隊」と「天皇の官僚」だったのです。それが戦争して負けて、天皇の軍隊のほうは消滅した。だから、天皇の官僚も本当は消滅すべきだったのですが、GHQの政策上どうしても必要で、官僚機構をそのまま残して用いざるをえなかった。そしたら天皇の官僚じゃなくなった代わりに、自分の省のための官僚になっちゃったのです。少なくとも国民のための官僚という意識は、戦前はもちろん、戦後すぐからもうないのですよ。

『昭和史をどう生きたか』（佐野洋氏との対談で）

国家なんてものは

国家なんてそんなにでかくてすごいものじゃない、民衆のことなんか一つも考えないインチキじゃねえかと思うくらいの気持ちでいかないといかんのですよ。

『今、日本人に知ってもらいたいこと』（金子兜太氏との対談で）

肝腎の「事実」を凝視すれば

戦後六十五年、わが日本民族は事実をしっかりと凝視し、それを通して何かを主張するどころか、その肝腎の「事実」そのものが忘れ去られてしまっているのではないでしようか。そんなことはないといわれる人はつぎの設問（歴史家秦郁彦氏の考案になる）に答えてみてほしい。

問1．太平洋戦争の戦闘員の戦死者は、陸軍一六五万人、海軍四七万人とされている。このうち広義の飢餓による死者の比率は？

a．10％　b．30％　c．50％　d．70％

問2．同じくこのうち海軍の海没者は一八万人、陸軍は？

a．5万人　b．18万人　c．25万人　d．40万人

さて、あてずっぽうでなく事実をきちんと知っていて正答できる人は？　答えは問1

はd、問2はbですね。

どんなに勇敢であっても戦場で兵士（若もの）は死ぬ。それは悲しく取り返しのつかないことですよ。ましてや餓死や海没という悲惨においてをや。死ぬのはいつだって名もない兵士たちで、将軍や参謀たちは滅多に死なないのです。しかも、近ごろ弱いものがどんなに苦しんでいても、上に立つものはその責任も問われない方向へと、世の風潮が強まっている気がしてなりません。

『あの戦争と日本人』

ノモンハンは負けていないという人がいて

いまはネット上のナショナリズムがすごいそうですね。わたくしはネットをやらないのでよく知りませんが。ノモンハンでは日本は負けていないという人がいて、「日本が負けたと書いているのは司馬遼太郎と五味川純平と半藤の三人である。これはけしからん」と。「司馬と五味川は死んでいるが、半藤はまだ生きているので断固膺懲《ようちよう》すべきだ」といわれている（笑）。

従軍慰安婦問題とはつまり

軍は関与していません、官憲は関与していません、業者が勝手にやったことです、だから、日本国はこれに対して責任がありません。

政府がそう言うと、国と気持ちを直結させている若い人は、「そうだ」と思ってしまうんです。

そうではなく、あの当時、女性に残酷なことをしたのは紛れもなく日本人であり、実態として利用したのは日本という国家だったんですよ。その事実に対して、今の日本という国がどういう態度を取るのかを、世界の国々は見ているんだと、わからなければいけない。根本は、「苦しんだ人への想像力を持てるか」なんです。「それを相手に届くように示せるか」なんです。ヒューマニズムの問題なんです。

『日中韓を振り回すナショナリズムの正体』（保阪正康氏との対談で）

不可逆性の怖ろしさ

たしかに時の流れというものがあり、忘れることを学ぶことでいつか忘れ去ることもあり、自然に解決されることもあるかもしれない。しかし民族対民族の血ぬられて残った歴史というものはおよそそのように忘れ去られるものではない。それが人間の行為というものの不可逆性の怖ろしさ、つまり歴史の怖ろしさなのである。とりかえしがつかぬということなのである。

『若い読者のための日本近代史』

棚上げは悪くない

これはちょっと生臭い話ですけど、尖閣の問題、あれを棚上げしたほうがいいという意見があります。私もそう思うんですけどね。それに対して、棚上げしたら結局は将来に問題を先送りすることになるじゃないかと反論する人がいる。でも、私は最近思っているんです、三十年もたてば、世界には国境がなくなるのじゃないかと。

『腰ぬけ愛国談義』(宮崎駿氏との対談で)

日本に外交があったか

現代日本は、本当の意味で外交をやったことがないんです。昭和八年に国際連盟を脱退してからは、ずっと「栄光ある孤立」で、戦争をしていた。戦争が終わっても、占領期間は外交なんてないし、独立した後も、安保条約で守られてきた。しかし、一九八九年に世界が大きく変わった瞬間から、そういう優遇的な立場というのは許されなくなったんです。本物の外交が必要になった。しかし、やったことがないから、結局、強硬外交しか出来ないのが今の状況です。

『戦後70年　日本人の証言』(宮城谷昌光氏との対談で)

軍隊からの安全

そもそも、日本における陸軍は西南戦争を鎮圧するための国内鎮圧部隊として、本格的なスタートを切っています。

これは意外と見過ごされることですが、陸軍の本領は敵地への進出ではなく、第一に国内の鎮定なのです。陸軍とはそもそもが巨大な武装治安警察であり、そして外国の侵略を排除するのはそもそも海軍なんです。

武装治安警察という意味で考えるなら、陸軍は国民に対して常に権威を見せつける必要がありました。だから国民の目から見て「陸軍は態度がでかい」とか「陸軍は横柄だ」というのは、ある意味では仕方がない面もあったでしょう。

ですから、当時の子どもたちは、私を含めみんな海軍のファンでした。……

ただ、偉そうだとか気に食わないとかいうレベルなら話はそれで終わるのですが、陸軍にはもっと大きな問題があります。

要するに陸軍は「武装クーデターが起こせる集団」なんですね。

いまでも世界各国から武装クーデターのニュースが飛び込んできますが、あれはほとんどすべてが陸軍です。

クーデターが起こせるということは、それだけ国内への発言力や影響力を増してくる。私が自衛隊を「軍」に変えることに反対している、最大の理由はそこです。……

いわゆる軍ができることによって「軍隊による安全」を国民は期待できます。同時に、「軍隊からの安全」を常に憂慮しなければなりません。軍隊が民主主義の脅威になってはならない。それが昭和史の教訓であります。

『日本人と愛国心』(戸高一成氏との対談で)

バブルが弾け飛んでから

バブルが弾け飛んでからの日本は国家目標を失い、どういう国を作っていけばいいのかがわからなくなっているんです。そんな状態の中、外国からあれやこれやと難癖をつけられたとき、「この野郎！」と言い返せないような国は独立国家じゃない、もっと強い国家にしようじゃないかと、ふたたび大日本主義が現れてきてしまっている。それに伴い、「平和憲法が基軸じゃ嫌だ」という人が増えてきたんですよ。

『日本人の底力』（菅原文太氏との対談で）

日本人の弱点

私たち日本民族には付和雷同しやすいという弱点があるんですね。言いかえれば、集団催眠にかかりやすいということです。その結果として、なだれ現象を起こしやすいという特徴というか弱点もある。これは歴史が示してくれているんですよ。

近代以降の歴史を見ると、どうもこの民族は他の民族よりも強くなだれ現象を起こしている。例えば、私らの世代は鬼畜米英《きちくべいえい》とか八紘一宇《はっこういちう》とか言われて信じ込み、あの戦争をやったという体験がある。だから、もうあんなことは繰り返さないだろう、大丈夫だろうと思うじゃないですか。ところが、ちっとも大丈夫じゃなかった。

日本人は何も学んでいないなと思ったのは、松本サリン事件のときです。あのとき、河野《こうの》義行さんを犯人だと思い込んだ日本のジャーナリズムの情けなさ、新聞もテレビもなだれ現象を起こして、河野さんを犯人と決めつけた。しかも、河野さんの家を調べて、サリンなんか作れる条件がないことがわかった後も、誰も訂正しなかった。

『そして、メディアは日本を戦争に導いた』（保阪正康氏との対談で）

再び殺戮《さつりく》に熱中しまいか

日本人は外圧によってナショナリストになりやすいようです。いいかえれば、時代の空気にたちまち順応するということになる。状況の変化につれて、どうにでも変貌できる。そんな人たちは、戦争の悲惨の記憶が失われて、時間が悲惨を濾過《ろか》し美化していくと、それに酔い心地となって、再び殺戮に熱中する人間に変貌する可能性があるのじゃないでしょうか。

『あの戦争と日本人』

この国が行きつくところは

八十歳を超えた爺いになると猜疑心が強くなるのでしょうかね。戦前の日本で、普通選挙制度はじまっていらい最低と言われたのに、昭和十一年（一九三六）二月の総選挙の投票率が約79％、翌年四月のそれが約73％。ところが、いまの日本の投票率はもう何かいう気にもなれません。日本国民は代表民主制に徹底的に不信、いや、もう飽き飽きしているのかと疑わざるをえません。小党分立抗争、国民の政治不信、それらの行きつくところは一党独裁の強い国家体制。そのことは歴史的事実がすでに説明しています。

『男の詫び状』（野坂昭如氏との対談で）

雪のおかげで

人間は雪を退治しようなどとバカなことを考えますが、新緑の季節に雪国に行きますと、これほど美しいものはない。東京は緑が多いし、瀬戸内海の緑もいいですが、色がまったく違う。雪国の緑、とくに新緑の頃は、実にきれいです。これは雪のおかげなんです。雪がそういう自然の美しさをひと冬、きちんと埋めておいてくれるからです。これはむしろ逆に、大事にしなきゃいけない資源なんだと。それに、雪が降ることによって山が森林を保っている。だから越後の国で山崩れなど、あまりないんじゃないでしょうか。越後や東北には豪雨が降ったからといって、地崩れは滅多にありません。崩れるのは、条件がいいために文明が発達した西日本のほうばかりです。

『史記』と日本人』

島国に住む人びとの心得

「足るを知る」というのは、あくまでみずから「知る」ことなんですね。「足るを知れ」ではないんです。日本人の精神構造のプリンシプルと言えると思いますが、そうした意味での「足るを知る」というのは、一人ひとりの日本人が自分自身で知らなくてはいけないことなんです。人が強制するものではなくて、極意としてみんな知らなくてはいけない。ここから先は欲望を抑えます、自然を大事にします、というのは自分たちで決めなくてはいけない話です。それが資源のない、島国に住む私たちにとっていちばんいい心得だと思います。

『昭和史をどう生きたか』（野坂昭如氏との対談で）

間に合わなくなる前に

戦争への道というのはそんな急に来るわけじゃない。ジリジリと、つまらない小事件がいくつも起きていたり、それが重なり合って大事件となる。漱石が『吾輩は猫である』のなかで言っています。「凡《すべ》ての大事件の前には必ず小事件が起るものだ。大事件のみを述べて、小事件を逸するのは古来から歴史家の常に陥る弊竇《へいとう》である」と。ですから、間に合わなくなるずっと前からそういった芽を摘んでおかなけりゃならないのです。とにかく片っ端からです。

『昭和史をどう生きたか』（宮部みゆき氏との対談で）

いま軍事について議論してほしい

正面から議論して取り組むのは賛成です。ただその議論に一つだけ加えていただきたい。それは「軍事とは何か」というテーマです。今はシビリアンコントロールだから軍は制御できるなんて思ったら大間違いですよ。軍には軍政と軍令があり、軍令はシビリアンではコントロールしきれない部分がある。そこをよく勉強してから、第9条の議論をしてほしいです。

『時代との対話　寺島実郎対談集』

憲法9条というハードル

まだまだ、じいさん、ばあさんが生きている限りは飛び越せないですよ。年寄りは戦争体験を経て、戦後に感じたものすごく明るいものをまだ持ち続けていますよ。生身で戦争体験をもつじいさん、ばあさんが生きている間は、なかなか9条はなくならないですよ。なるほど、いまやその御旗《みはた》はぼろぼろになりかけていますが、旗ざおだけは放さない人がいっぱいいます。でもねえ、これが全部死に絶えたら……、あっという間かもしれないね。

『いま戦争と平和を語る』

二度も見るとは思わなかった

平成二十三年（二〇一一）三月十一日の東日本大震災は、六十六年前の昭和二十年三月十日の、私がこの目で見た満目蕭条《まんもくしょうじょう》の東京向島の大空襲による焼け跡を想い起こさせた。火と水の違いはあるが、人間の非力さを徹底的に思い知らせる廃墟の惨状である。人間というもの、ごくふつうの生活というもの、人生というものの無常さを、そこに感じないわけにはいかなかった。

『歴史のくずかご』

エネルギーの大転換期が来ているのに

エネルギーの大転換というものは、歴史の節目節目に必ずやって来るものなんです。日本人は困ったことに、そのことに対してまことに鈍い民族なんですよ。これはいまもおなじですね。大転換に着手しなきゃいけないっていうときに、グズグズ、グズグズやっている。またぞろ原発再稼働だなどと、ほんとうにくだらないことを言いはじめています。むしろ原発を廃炉にするための技術開発にとり組んだほうがいい。なにを考えているのかと呆れますけどね。

『腰ぬけ愛国談義』（宮崎駿氏との対談で）

原発反対を表明したすぐ後に

私が朝日新聞に原発に反対するという原稿を寄稿したら、さっそく電話が二本かかってきましたよ。最初は無言電話。二つ目は「お前はいつからアカになったんだ」ですって（笑）。

『戦後日本の「独立」』（竹内修司氏・保阪正康氏・松本健一氏との座談で）

「正義の戦争」が甦るとき

人類は、第二次世界大戦が終わったときに、あとのベトナム戦争、中東戦争、インド・パキスタン戦争などなど、ともかく戦争に正義はない、「正義の戦争」は存在しない、ということを知った。やっぱりそれが一番大きな教訓ではないかと私は思います。ちょっと気になるのは、その戦争のルールが二十一世紀になってからまた大きく変わりつつあるのではないかという点です。そのはじまりは一九九九年三月、NATOがコソボを爆撃しましたね。あのときの理由が「人道のために」だった。つまり、ヒューマニズムを守るために武力攻撃する、という新しい戦争理論が主張されたのです。

これはおかしなことになった、また「正義の戦争」が甦ってしまうのではないかと思っていたら、九・一一後に、アメリカは、テロを防御するための先制攻撃だとしてイラク戦争を始めた。アフガニスタンに進攻した。予防のために戦争を行うとなると、歯止めも何もなくなってしまう。莫大な犠牲を払って両大戦から学んだものを、人類がまた忘れつつあるのではないでしょうか。

『大人のための昭和史入門』

「平和」という言葉を嫌う人びと

今になると、「平和」という言葉を口にすると、皆が嫌がります。「平和なんて単なる過程だ」、「平和は目的ではなく、退屈な現実だ」などと言う人さえ出てきて、皆が大した意味を持たない言葉だと思ってしまっているんです。

戦後の混乱期とは違って、平和は実体のない抽象概念であり、そんなものは信用できない、そう思っている人が多い。特に、今の日本の権力者はそう考えていると思えますね。

『日中韓を振り回すナショナリズムの正体』（保阪正康氏との対談で）

墨子が説く、人間たるもの

じつをいうと、この、人間たるもの大いに奮闘努力せよ、と墨子の説くところがわたくしのもっとも好むところで、日、すでに西山に傾く老骨ながら、若い衆に負けてたまるかと、いまなお踏ん張っている。

世には体裁だけをつけて働くふりをする輩《やから》が山ほどもいる。勉強もロクにせずに、そのくせ利口そうなことをいう。情報化時代とやらは、おしゃべりの上手なヤツの天下といえる。ありあまる情報で、われわれは何でも知っているような気分にさせられる。しかし、よくよく考えると何一つわかっていない。情報化時代とは、思考停止の時代であり、奮闘努力したくなくなる時代であり、真に「知る」ことの本質から限りなく遠ざかる時代であるようである。

八十爺がまだ頑張る理由

中国の詩人の白楽天は「古墓何《いず》れの代の人ぞ、姓と名とを知らず、化して路傍の土となり、年々春草生ず」と詠じた。春ともなれば若草はかならず大地から芽をだすが、死して大地に葬られた人は還ることなし。まったく然り、亡き友とふたたび相まみえることはない。

こうして人間八十歳を超えると、日々「一期一会」を意識することが多い。元気溌溂とみえた人がポックリ逝ってしまうことがやたらとある。望むと望まざるとにかかわらず、人の生命には「果《は》て」はある。つまり「涯《はて》」である。

そういえば中国の古典『荘子』にこんな言葉のあったことを想いだした。

「吾が生や涯あり、而《しこう》して知や涯なし」

それで、八十四爺はまだ頑張っている。

制御できない〝死の兵器〟

いいですか、たった一発の原子爆弾で広島を潰滅させたときから、人類は滅亡への第一歩を踏みだしたのです。もともと自然界に存在しないウラニウム235をつくりだし、それを燃料としているのが原子力なのです。根本的に自然に逆らっている。結果的に、天の意思にそむき、自分たちで制御できない〝死の兵器〟を自分たちの手でつくりだしたのです。ですから、核兵器廃絶の道以外に人類の明日はないのです。

『歴史のくずかご』

『墨子よみがえる』

「新しい戦争」を憂慮する

私は真実ほんとうに憂慮している。大国が先端技術を活かした新兵器を投入し、圧倒的な軍事力で、「ヒューマニズムのために」あるいは「自衛のために」と、非国家的勢力を「テロリスト」と名指して攻撃しているこの「新しい戦争」というものを。なぜなら私の体験した戦争のイメージをはるかに超えているからである。もしこの非国家的勢力側に核兵器や先端技術兵器が渡ったらどうなるのか、想像できない。いや、ヒロシマやナガサキが思い浮かぶ。なのに日本の指導層をふくめ世界の指導者たちの想像力は、武力で殲滅できるという二〇世紀の戦争論のままでいるようにみえてならないのである。

『私の「戦後70年談話」』

マッカーサーの予言「百年後の日本は……」

マッカーサー「戦争はもはや不可能であります。戦争をなくするには、戦争を放棄する以外にはありませぬ。それを日本が実行されました。五十年後において（私は予言します）日本が道徳的に勇敢かつ賢明であったことが立証されるでありましょう。百年後に、日本は世界の道徳的指導者となったことが全世界に悟られることでしょう」。

「全世界に」というのは私が勝手につけました、そうじゃないとちょっと文章が成り立たないんですね。

さらにマッカーサーはつづけます。「世界も米国もいまだに日本にたいして復讐的気分が濃厚でありますから、この憲法もうくべき賞賛をうけないのでありますが、すべては歴史が証明するでありましょう」。

これはかなり有名な言葉なんです。五十年後には日本が賢明であったことは立証されるだろうと。もう五十年終わりましたよね、六十年も過ぎました。つまりまだ立証されてないんじゃないか。さらに、百年後には日本は道徳的指導者となったことが全世界にわかるでありましょうと。果たしてどうなることやら、皆さん方の決意いかんだと私は思うわけです。……

マッカーサーの百年後の予言に関しては楽しみなんですが、私はもう生きておりませんので、どうぞお若い方に見届けていただきたいと思います。

『昭和史　戦後篇　1945-1989』

あとがき

東京新聞の夕刊に「大波小波」という匿名の名物コラムがある。いまから九年前の二〇〇九年四月二十四日のその「大波小波」に、当時やたらと本をだすわたくしを、少し持ちあげるような、冷やかすような一文が載った。友人が発見して送ってくれた切り抜きをいまも失くさずにとってある。昔から「自慢高言はバカのうち」というが、それを承知で、あえて長々と引用させてもらう。

《……半藤一利のセールスポイントを列挙しておく。①東大ボート部出身のおそるべき体力の持ち主である。②作家としての出発は超遅かったが、それだから後半戦がやけに強い。③たいへんな博識のほかに作家的妄想能力があり、関係なさそうなことも三題噺《ばなし》みたいに結びつけるのがうまい。（その例をいくつか挙げているが略）④向島生まれの東京ッ子でいて、新潟県長岡中学の餓鬼大将、ルーツが二つもある。⑤半藤は「さん」をつけて呼べる人間しか興味がない。海舟さん、漱石さん、荷風さん、安吾さんだ。「さん」にこだわりすぎているが、大嫌いな薩長でも、西郷さん、大久保さんと呼んでいる》

筆者は、さて、いかなる高名な批評家、文藝評論家なのか、あるいは作家なのか、まったく存じあげないが、所詮は枯尾花的ひょろひょろのわが人生の仕事を見事に見破っておられるので、当時は「ムムムム」と思わず唸り声をあげてしまった。

いまは、どうせわがセールスポイントを挙げていただけるならもう一つ、⑥昭和史や太平洋戦史をもっぱらとする歴史探偵を自称しつつもガリガリの歴史オタクではなく、東京は下町の悪ガキ育ちらしく「野暮は嫌だね」を口癖《くちぐせ》に、酒席でのオダや文学的へなちょこ論を得意とするなかなかくだけた風流好みである、くらいの一行をぜひ加えてほしかった、と考えている。いやはや、こう書きながら、この厚かましさは野暮の骨頂というべきかもしれない、と反省しきりなのであるが……。

本書は、二〇一八年三月刊『歴史と戦争』につづくそんなわたくしの〝著作集〟の下巻ということになる。内容は、本業ともいえる歴史探偵とはちょっと離れたその呑んべえの風流好みが主体となっている。わかりやすくいえば、二〇一五年にだした拙著『老骨の悠々閑々』のタイトルそのものの悠々閑々たるもの。もう少しくだいていえば効験のおよそ期待できない閑文字《かんもじ》の羅列にすぎない。いや、もっとわかりやすくいえば——それには漱石先生の愉快な話がいいと思う。漱石は処女作『吾輩は猫である』上巻にたいしての新聞批評で、「頭もなく、尻尾もなく、アハハハハと笑ってそれでお仕舞いになって、読んだものの頭脳に何も残らないところが、円遊の落語に似ている」と書かれて大いに喜んだというのである。実は、わたくしも、読者が読んで余分な時間をめでたく費消して、ハハハハと笑ってそれでお仕舞いで、読後に若干の幸福感を抱くことができる本が書けたら、作家冥利につきると思いつつ、せっせと漱石や其角や一茶などの俳句の本、隅田川や向島や浅草や相撲や雪国の本を、余技としてでなくもう一つの本業として書いてきた。万葉集や源氏物語などから司馬遷の『史記』や『三国志』や『墨子』など中国の古典にも首を突っこんで、学者でもないのに進んで悪戦苦闘をしてきたのである。

おそらく本書を一冊にまとめるのに、石田陽子さんは悪態をつきつきあまりの系統なき千差万別の本から選ぶのに苦心惨憺《さんたん》したであろうと、十分すぎるほど察している。編集の小木田順子さんは小木田さんで細かくいらざる神経を費《つか》いはたしたにきまっている。漱石先生であろうと勝っつあんであろうと荷風さんであろうと、あっちへ飛びこっちへ飛んで気儘《きまま》に自分流の勝手読みで、作者ひとりだけが楽しんでいる、きちんと一冊にまとめようがないとお二人ともホトホト困惑したにちがいない。でもネ、それ、そこがすなわち「頭もなく、尻尾もなく、アハハハハ……」というところなんです。感謝より先に、石田さん、小木田さん、許せよ、と心から申しあげたい。

そしていまゲラを読みながらつくづく思うのは、本書には深い思索にもとづく名論卓説なんか書かれていないな、ということである。むしろ読んで楽しい話題を一所懸命にあちこちから探しだして、読者と一緒に楽しもうとしている。そうはいっても、歴史好きという生まれついての性分からはなかなか離れられないなと、あらためて悟っている。結局は、大きな歴史の流れから、あるいは堅苦しい論文や研究書からは無視されているか、忘れられてしまっている小さいが面白いエピソードを、孫悟空よろしく飛び回って拾いだしてきているにすぎないな、と痛感させられている。同時に、それがわたくしの八十八年の人生であったのだなと自分で納得《なっとく》している。

本書は、いうならば、上巻の『歴史と戦争』とは違って、わたくしが勝手に「歴史のえくぼ」「文学のへそ」と名づけている、そんな歴史や文学の裏通りにひそむえくぼやへそを拾いだしてならべたもの、といっていいのかもしれない。

へそといえば、大学のボート選手時代、漕手《クルー》はみんなアダ名で呼び合っていた。ゴリ、タコ、アポ、Q、ボータロ、ドブとろくな名がなかった。わたくしのそれが、実はへそであったのである。その意は、人間のへそのように、いても何の役にも立たないが、いなくては恰好がつかない、というまことに不名誉な命名であったのである。

ともあれ、「バカをやるやつがいなければ、この世はさぞ退屈だろう」という名言もある。多少は読者の退屈の虫を退治する役に立つかもしれぬと思い、八十八歳の大タワケ、なお健在なり、と美人二人に囲まれて、いまは高く杯をあげようと思っている。

二〇一八年四月吉日

半藤一利

出典著作一覧

『あの戦争と日本人』文春文庫
『一茶俳句と遊ぶ』PHP新書
『いま戦争と平和を語る』日本経済新聞出版社
『今、日本人に知ってもらいたいこと』（金子兜太氏との対談）KKベストセラーズ
『大相撲人間おもしろ画鑑』小学館文庫
『男の詫び状』（野坂昭如氏との対談）文藝春秋
『大人のための昭和史入門』文春新書
『風の名前　風の四季』平凡社新書
『風・船のじてん』蒼洋社
『勝ち上がりの条件　軍師・参謀の作法』（磯田道史氏との対談）ポプラ新書
『荷風さんの昭和』ちくま文庫
『荷風さんの戦後』ちくま文庫
『「漢詩」の心』（石川忠久氏・陳舜臣氏ほかとの共著）プレジデント社
『完本・列伝　太平洋戦争』PHP文庫
『其角俳句と江戸の春』平凡社

『腰ぬけ愛国談義』（宮崎駿氏との対談）文春ジブリ文庫
『この国のことば』平凡社
『坂口安吾と太平洋戦争』PHP文庫
『指揮官と参謀』文春文庫
『「史記」と日本人』平凡社
『時代との対話　寺島実郎対談集』ぎょうせい
『司馬遼太郎　リーダーの条件』文春新書
『十二月八日と八月十五日』文春文庫
『昭和史　戦後篇　1945-1989』平凡社
『昭和史が面白い』文春文庫
『昭和史裁判』（加藤陽子氏との対談）文春文庫
『昭和史残日録　1926-45』ちくま書房
『昭和史残日録　戦後篇』ちくま文庫
『昭和史探索1』ちくま文庫
『昭和史の家』文藝春秋
『昭和史をどう生きたか』東京書籍
『「昭和史」を歩きながら考える』PHP文庫
『昭和・戦争・失敗の本質』新講社

『「昭和天皇実録」にみる開戦と終戦』岩波ブックレット
『「昭和天皇実録」の謎を解く』
（保阪正康氏・御厨貴氏・磯田道史氏との座談）文春新書
『昭和と日本人　失敗の本質』中経の文庫
『昭和の名将と愚将』文春新書
『隅田川の向う側』ちくま文庫
『清張さんと司馬さん』文春文庫
『世界史としての日本史』（出口治明氏との対談）小学館新書
『世界はまわり舞台』創元社
『零戦と戦艦大和』（戸髙一成氏・福田和也氏らとの座談）文春新書
『戦後70年　日本人の証言』（文藝春秋編）文春文庫
『戦後日本の「独立」』（竹内修司氏・保阪正康氏・松本健一氏との座談）筑摩書房
『漱石先生大いに笑う』ちくま文庫
『漱石先生　お久しぶりです』文春文庫
『漱石先生がやって来た』ちくま文庫
『漱石先生ぞな、もし』文春文庫
『続・漱石先生ぞな、もし』文春文庫
『漱石先生、探偵ぞなもし』ＰＨＰ文庫

『漱石俳句探偵帖』角川選書
『漱石俳句を愉しむ』PHP新書
『漱石・明治・日本の青春』新講社
『そして、メディアは日本を戦争に導いた』（保阪正康氏との対談）東洋経済新報社
『それからの海舟』ちくま文庫
『ソ連が満洲に侵攻した夏』文藝春秋
『手紙のなかの日本人』文春新書
『徹底検証　日清・日露戦争』（秦郁彦氏・原剛氏・松本健一氏・戸高一成氏との座談）文春新書
『徹底分析　川中島合戦』PHP文庫
『「東京裁判」を読む』（保阪正康氏・井上亮氏との鼎談）日経ビジネス人文庫
『日中韓を振り回すナショナリズムの正体』（保阪正康氏との対談）東洋経済新報社
『日本海軍はなぜ過ったか』（澤地久枝氏・戸高一成氏との鼎談）岩波書店
『日本史が楽しい』文春文庫
『日本人と愛国心』（戸高一成氏との対談）PHP文庫
『日本人と多文化主義』（石井米雄氏・山内昌之氏編）山川出版社
『日本のいちばん長い日』文藝春秋
『幕末史』新潮社

『B面昭和史』平凡社
『ぶらり日本史散策』文春文庫
『文士の遺言』講談社
『墨子よみがえる』平凡社新書
『万葉集と日本の夜明け』PHP文庫
『歴史探偵かんじん帳』毎日新聞社
『歴史探偵　昭和史をゆく』PHP文庫
『歴史に「何を」学ぶのか』ちくまプリマー新書
『歴史のくずかご』文春文庫
『歴史をあるく、文学をゆく』文春文庫
『老骨の悠々閑々』ポプラ社
『若い読者のための日本近代史』PHP文庫
『私の「昭和の戦争」』アスコム
『わたしの〈平和と戦争〉』(広岩近広氏編)集英社

著者略歴

半藤一利
はんどうかずとし

一九三〇年、東京・向島生まれ。
新潟県立長岡中学校(現長岡高校)卒業。
東京大学文学部卒業後、文藝春秋入社。
松本清張、司馬遼太郎らの担当編集者をつとめる。
「週刊文春」「文藝春秋」編集長、専務取締役などをへて作家。
「歴史探偵」を名乗り、おもに近現代史に関する著作を発表。
著書に『漱石先生ぞな、もし』(正・続、文春文庫 新田次郎文学賞)、
『ノモンハンの夏』(文春文庫 山本七平賞)など多数。
『昭和史1926-1945』『昭和史 戦後篇 1945-1989』
(共に平凡社ライブラリー)で毎日出版文化賞特別賞、
二〇一五年、菊池寛賞受賞。
近著に『世界史のなかの昭和史』(平凡社)、『歴史と戦争』(幻冬舎新書)がある。

幻冬舎新書 503

歴史と人生

二〇一八年五月三十日　第一刷発行

著者　半藤一利
発行人　見城徹
編集人　志儀保博

発行所　株式会社　幻冬舎
〒一五一-〇〇五一　東京都渋谷区千駄ヶ谷四-九-七
電話　〇三-五四一一-六二一一(編集)
〇三-五四一一-六二二二(営業)
振替　〇〇一二〇-八-七六七六四三

ブックデザイン　鈴木成一デザイン室
印刷・製本所　中央精版印刷株式会社

GENTOSHA

検印廃止

Printed in Japan　ISBN978-4-344-98504-9 C0295
は-15-2

幻冬舎ホームページアドレス http://www.gentosha.co.jp/
＊この本に関するご意見・ご感想をメールでお寄せいただく場合は、comment@gentosha.co.jp まで。

幻冬舎新書

半藤一利

歴史と戦争

幕末・明治維新からの日本の近代化の歩みは、戦争の歴史でもあった。過ちを繰り返さないために、私たちは歴史に何を学ぶべきなのか。八〇冊以上の著作から厳選した半藤日本史のエッセンス。

佐藤愛子

人間の煩悩

人はあらゆる煩悩にさいなまれるが、どうすればこれらの悩みから解放されうるのか？　波瀾万丈の日々を生きてきた著者が、九十二年の人生経験から、人間の本質を的確に突いた希望の書。

曽野綾子

老いの僥倖《ぎょうこう》

年を取ることに喜びを感じる人は稀である。しかし「晩年にこそ、僥倖（思いがけない幸い）が詰まっている」と著者は言う。知らないともったいない、老年を充実させる秘訣が満載の一冊。

下重暁子

極上の孤独

孤独のイメージはよくない。しかし孤独な人は、一人のほうが何倍も愉しく充実しているから敢えて選んでいるのであり、成熟した人間だけが到達できる境地でもある。孤独の効用が満載の一冊。

佐々木閑　大栗博司
真理の探究
仏教と宇宙物理学の対話

仏教と宇宙物理学。アプローチこそ違うが、真理を求めて両者が到達したのは、「人生に生きる意味はない」という結論だった！　当代一流の仏教学者と物理学者が縦横無尽に語り尽くす、この世界の真実。

プラユキ・ナラテボー　魚川祐司
悟らなくたって、いいじゃないか
普通の人のための仏教・瞑想入門

出家したくない、欲望を捨てたくない、悟りも目指したくない「普通の人」は、人生の「苦」から逃れられないのか？　「普通の人」の生活にブッダの教えはどう役立つのか？　仏教の本質に迫るスリリングな対話。

井出留美
賞味期限のウソ
食品ロスはなぜ生まれるのか

卵は冬場なら57日間（産卵日から）生食可！――まだ食べられる食品を大量に廃棄する「食品ロス」大国・日本。小売店、メーカー、消費者、悪いのは誰なのか。食品をめぐる「もったいない」構造にメスを入れる。

杉崎泰一郎
沈黙すればするほど人は豊かになる
ラ・グランド・シャルトルーズ修道院の奇跡

机、寝台、祈禱台のほか、ほとんど何もない個室で、一日の大半を祈りに捧げる、孤独と沈黙と清貧の日々――九〇〇年前と変わらぬ厳しい修行生活を続ける伝説の修道院の歴史をたどり、豊かさの意味を問う。

幻冬舎新書

出口治明
本物の教養
人生を面白くする

教養とは人生を面白くするツールであり、ビジネス社会を生き抜くための最強の武器である。読書・人との出会い・旅・語学・情報収集・思考法等々、ビジネス界きっての教養人が明かす知的生産の全方法。

五木寛之　佐藤優
異端の人間学

欧米中心のヘゲモニーが崩れつつある今、ロシアを理解しなければ私達は生き残れない。この国を深く知る二人が、文学、政治経済、宗教他、あらゆる角度から分析。隣国の本性、新しい世界の動きとは。

中山祐次郎
幸せな死のために一刻も早くあなたにお伝えしたいこと
若き外科医が見つめた「いのち」の現場三百六十五日

死に直面して混乱し、後悔を残したまま最期を迎える人々。そんな患者さんを数多く看取ってきた若き外科医が、「少しでも満ち足りた気持ちで旅立ってほしい」という想いから、今をどう生きるかを問う。

久坂部羊
人間の死に方
医者だった父の、多くを望まない最期

亡父は元医師だが医療否定主義者で医者の不養生の限度を超えて不摂生だった。父が寝たきりになって医療や介護への私自身の常識が次々と覆る。父から教わった医療の無力と死への考え方とは。

幻冬舎新書

岡田尊司

真面目な人は長生きする

八十年にわたる寿命研究が解き明かす驚愕の真実

米国での八十年に及ぶ長寿研究の結果が近年明らかとなった。もっとも重要なのは性格であり生き方であり愛する人との絆だった。早死にのリスクを減らすには？　驚きの真実と珠玉の知恵に満ちた一冊。

香山リカ

弱者はもう救われないのか

拡大する所得格差、階級の断絶……もはや日本だけでなく世界全体で進む「弱者切り捨て」。古今の思想・宗教に弱者救済の絶対的根拠を求め、市場経済と多数決に打ち克つ新しい倫理を模索する、渾身の論考。

諸富祥彦

悩みぬく意味

生きることは悩むことだ。悩みから逃げず、きちんと悩める人にだけ濃密な人生はやってくる。苦悩する人々に寄り添い続ける心理カウンセラーが、味わい深く生きるための正しい悩み方を伝授する。

小浜逸郎

日本の七大思想家

丸山眞男／吉本隆明／時枝誠記／大森荘蔵／小林秀雄／和辻哲郎／福澤諭吉

第二次大戦敗戦をまたいで現われ、西洋近代とひとり格闘し、創造的思考に到達した七人の思想家。その足跡を検証し、日本発の文明的普遍性の可能性を探る。日本人の精神再建のための野心的論考。